高等教育教学改革特色教材

实践与应用系列

U0648839

Jindie Qiye Jingying
Shapan Moni Shixun Shouce

金蝶企业经营

沙盘模拟实训手册

（第五版）

刘平 主编　　安甜甜 张洪迎 张超 副主编

东北财经大学出版社　大连
Dongbei University of Finance & Economics Press

图书在版编目（CIP）数据

金蝶企业经营沙盘模拟实训手册 / 刘平主编．—5版．—大连：东北财经大学出版社，2025.6．—（高等教育教学改革特色教材·实践与应用系列）．—ISBN 978-7-5654-5713-5

Ⅰ．F272.7-39

中国国家版本馆 CIP 数据核字第 2025GH6364 号

金蝶企业经营沙盘模拟实训手册

JINDIE QIYE JINGYING SHAPAN MONI SHIXUN SHOUCE

东北财经大学出版社出版

（大连市黑石礁尖山街217号　邮政编码　116025）

网　　　址：http://www.dufep.cn

读者信箱：dufep@dufe.edu.cn

大连天骄彩色印刷有限公司印刷　　东北财经大学出版社发行

幅面尺寸：185mm×260mm　　　字数：231千字　　　印张：12.5

2025年6月第5版　　　　　　　2025年6月第1次印刷

责任编辑：张晓鹏　魏　巍　　　　责任校对：刘贤恩

封面设计：原　皓　　　　　　　　版式设计：原　皓

书号：ISBN 978-7-5654-5713-5　　定价：38.00元

21世纪是催人奋进的时代，科技飞速发展，知识更新迅速，机遇和挑战随时随地都可能出现。抓住机遇，寻求发展，迎接挑战，适应变化的制胜法宝就是不断学习新知识。

企业经营沙盘模拟是研究人员在深入了解企业生产经营过程的基础上，用3年时间开发出来的一种生动有趣的教学方式。"企业经营沙盘模拟"课程是在充分调研了ERP培训市场需求的基础上，汲取国内外咨询公司、培训机构的管理训练课程精髓而设计的企业经营管理实训课程。该课程摒弃了传统的以理论和案例分析为主的方式，用模拟沙盘这种具有感官冲击力的形式极大地增强了娱乐性，使枯燥的课程变得生动、有趣，这种体验式教学方法一经问世便获得了受训者的广泛认可。该课程通过近乎真实的实战模拟，充分地调动了受训者的竞争热情，在培养应用型人才方面越来越显示出其独特的作用。

第一，企业经营沙盘模拟有助于在实践中指导学生的理论学习。该方法解决了传统教学方式下学生只能被动地接受知识而无法主动参与的问题，更重要的是培养了学生将理论知识与企业实际运作紧密联系的能力和发现问题、分析问题、解决问题、科学决策的能力。通过学习ERP理论和模拟企业实际运作，学生能够理解ERP的管理理念和核心管理思想，达到学以致用的目的，从而使学生的知识储备更加丰富，为以后的工作打下坚实的基础。

第二，企业经营沙盘模拟有助于学生积累实践经验。企业经营沙盘提供了一个平台，使学生能够亲身体验运用所学创造财富，在成功中收获喜悦，在失败中汲取教训，这些都将成为宝贵的经验，避免在以后的实际工作中给企业造成损失。另外，企业经营要有创新意识，及时把握产品的生命周期，要不断有新产品补充市场；企业经营还要有全局战略规划，如果没有好的战略规划，即使企业有充足的现金流，其经营也是混乱的。

第三，企业经营沙盘模拟有助于培养学生的团队协作精神。当今社会，任何工作都需要团队配合才能较好地完成。企业经营沙盘模拟要求参与的学生以主人翁的态度全身心地投入所扮演的角色中，不但要尽到所扮演角色的职责，而且要与其他人协调配合，完成整个模拟任务，因此学生能够深刻感受到团队精神对一个企业的重要性。

作为时代的弄潮儿，当代大学生必须掌握最前沿的科学技术，担负起引领创新潮流的使命。为此，大学生必须努力学习科学文化知识，提高自己的综合素质，踏踏实实地打好基础。本书作者刘平教授拥有深厚的学识及丰富的教学实践经验，他主编的《金蝶企业经营沙盘模拟实训手册》必将为广大学生了解、掌握企业经营沙盘模拟方法提供有效的途径，并成为"企业经营沙盘模拟"教学推广与学术建设的重要文献。感谢刘平老师的工作，相信此书一定能为大学生的成长、成才起到良好的引导作用。

刘文波教授

沈阳工学院原常务副院长

第五版前言

《金蝶企业经营沙盘模拟实训手册》(第四版)自2022年6月出版以来，在3年的时间里已经多次重印，得到了众多高等院校与企业的认同。

目前，世界已经进入大数据时代。党中央、国务院高度重视大数据在我国国民经济和社会发展中的重要作用，并进行了一系列决策部署，助力我国从"数据大国"迈向"数据强国"。

2014年，"大数据"一词首次写入国务院政府工作报告，"大数据"在国内成为热议的词语。2015年，国务院印发《促进大数据发展行动纲要》；2016年，工业和信息化部出台了《大数据产业发展规划（2016—2020年）》，指出数据是国家基础性战略资源，是21世纪的"钻石矿"。吕本富、刘颖在《飞轮效应：数据驱动的企业》一书中指出，数据是企业发展的基础设施和"核武器"。数据资源是企业发展的新型动力源；数据分析系统是企业腾飞的动力系统，决定了企业运行的速度与高度。

2021年3月通过的《中华人民共和国国民经济和社会发展第十四个五年规划和2035年远景目标纲要》明确提出，加快数字化发展，建设数字中国。迎接数字时代，激活数据要素潜能，推进网络强国建设，加快建设数字经济、数字社会、数字政府，以数字化转型整体驱动生产方式、生活方式和治理方式变革。同时指出，构筑美好数字生活新图景。

2021年10月18日，中共中央政治局就推动我国数字经济健康发展进行第三十四次集体学习。习近平总书记强调，充分发挥海量数据和丰富应用场景优势，促进数字技术与实体经济深度融合，赋能传统产业转型升级，催生新产业新业态新模式，不断做强做优做大我国数字经济……发展数字经济是把握新一轮科技革命和产业变革新机遇的战略选择。

2021年11月30日，工业和信息化部出台了《"十四五"大数据产业发展规划》。文件指出，数据是新时代重要的生产要素，是国家基础性战略资源。大数据是数据的集合，以容量大、类型多、速度快、精度准、价值高为主要特征，是推动经济转型发展的新动力，是提升政府治理能力的新途径，是重塑国家竞争优势的新机遇。大数据产业是以数据生成、采集、存储、加工、分析、服务为主的战略性新兴产业，是激活数据要素潜能的关键支撑，是加快经济社会发展质量变革、效率变革、动力变革的重要引擎。

2021年12月12日，国务院印发的《"十四五"数字经济发展规划》指出，数字经济是继农业经济、工业经济之后的主要经济形态，同时强调数字经济发展速度之快、辐射范围之广、影响程度之深前所未有，正推动生产方式、生活方式和治理方式深刻变革，成为重组全球要素资源、重塑全球经济结构、改变全球竞争格局的关键力量。

2022年10月16日，习近平总书记在党的二十大报告中明确提出，加快发展数字经济，促进数字经济和实体经济深度融合，打造具有国际竞争力的数字产业集群。

2022年12月2日，《中共中央 国务院关于构建数据基础制度更好发挥数据要素作用的意见》发布，指出数据作为新型生产要素，是数字化、网络化、智能化的基础，已快速融入生产、分配、流通、消费和社会服务管理等各环节，强调完善数据要素市场体制机制，在实践中完善，在探索中发展，促进形成与数字生产力相适应的新型生产关系。

2023年，中共中央、国务院印发了《数字中国建设整体布局规划》，指出建设数字中国是数字时代推进中国式现代化的重要引擎，是构筑国家竞争新优势的有力支撑。加快数字中国建设，对全面建设社会主义现代化国家、全面推进中华民族伟大复兴具有重要意义和深远影响。

如今，大数据浪潮正迅速朝我们涌来，并将触及各个行业和生活的诸多方面。它比之前出现过的浪潮更大、触及面更广，给人们的工作和生活带来的变化和影响更深刻，也悄然地改变着人们的思维习惯和生活方式。以大数据这个新型生产要素为纽带，云计算、物联网、区块链、人工智能等新质生产力被凝聚在一起。数字产业化与产业数字化覆盖了社会的方方面面，也推动了新型生产关系的形成。大数据已经进入我国经济、政治、文化、社会、生态文明建设的各个领域，正逐步形成数字中国。

大数据时代，呼唤大数据人才！基于ERP（Enterprise Resource Planning，企业资源计划）技术诞生并不断发展的企业经营沙盘模拟系统恰好契合了这种要求，对培养学生的数据意识和数据分析能力大有裨益。

在这一发展进程中，涌现出了以新道科技股份有限公司、金蝶软件（中国）有限公司等为代表的众多软件企业，它们纷纷推出企业经营沙盘模拟系统，应用于高校教学和企业培训，并且不断更新升级。比如，新道科技股份有限公司最初推出了物理沙盘，后来陆续推出了创业者电子沙盘、新商战电子沙盘、约创云平台电子沙盘，最近又推出了S+Cloud数智企业经营管理沙盘。本次修订就是在此背景下进行的。

本次修订仍遵循"立足实践教学，兼顾大赛需要"的原则，主要修改和充实的内容体现在以下方面：增加了"S+Cloud数智企业经营管理沙盘操作指南"，并用"2024年全国高等院校数智化企业经营沙盘大赛全国总决赛（本科组）案例资料"替换了"第十七届全国大学生创新创业沙盘模拟经营大赛（辽宁省区）暨 2021 年辽宁省普通高等学校本科大学生创业企业经营模拟沙盘大赛技术手册"。

　　本次修订由沈阳工学院刘平教授主持并担任主编；鞍山师范学院安甜甜，沈阳工学院张洪迎、张超担任副主编；沈阳理工大学林则宏、沈阳工学院窦乐、新疆石河子职业技术学院曾娅丽、辽宁工程技术大学许可、辽宁石油化工大学陈玉新也参与了修订工作；陈欣等同学参与了部分图片的截取工作。

　　由于作者的学识、水平有限，疏漏之处在所难免，敬请广大读者批评指正，我们将在修订或重印时将大家反馈的意见和建议恰当地体现出来，再次感谢广大读者的厚爱！

　　作者交流邮箱：liuping661005@126.com。

刘　平
2025 年初夏于沈抚改革创新示范区

第一版前言

企业经营沙盘模拟实训课程起源于瑞典,于1978年推出后迅速风靡全球,成为世界500强企业广泛采用的经理人培训方法和众多MBA学院设立的必修课程。其实,对于沙盘我们并不陌生。在影视剧中,我们经常可以看到叱咤风云的将军在沙盘前指挥千军万马。在现实生活中,房地产开发商通常会在销售中心设置小区规划布局沙盘,以利于房屋销售。这些沙盘都使其服务对象不必亲临现场,也能对相关情况了然于胸,从而运筹帷幄。

企业经营沙盘模拟具有科学、简洁、实用、有趣等显著特点,并以体验式教学方式成为深受学生欢迎的典型、实用的教学方法。对受训者来说,企业经营沙盘模拟可以强化管理知识、训练管理技能、全面提高综合素质。这种融理论与实践于一体,集角色扮演与岗位体验于一身的教学过程,使受训者在参与和体验中完成从知识到技能的转化,在操盘后的总结交流中再完成从实践到理论的升华。

目前,关于企业经营沙盘模拟的学习指导书是有一些,但绝大多数更适合教师使用,专为学生所用的书还鲜有所见。笔者以为,教师用书与学生用书应有所区别:前者理论部分需要比较全面和深入的论述,以利于教师掌握其精华与实质,便于在实践中指导学生,而操作表格部分可相对简洁;后者正好相反,理论和规则部分应简洁,以够用为度,而操作表格部分要具体丰富,每个角色都应有与实际相结合的专业表格,便于学生填写记录。本实训手册是参考了刘平主编的《用友ERP企业经营沙盘模拟实训手册》,王新玲、柯明、耿锡润编著的《ERP沙盘模拟学习指导书》,王新玲、杨宝刚、柯明编著的《ERP沙盘模拟高级指导教程》及金蝶沙盘的相关资料,并结合编写团队以往多轮实训指导学生的实际经验编写而成的,专供学生在实训中使用。

本实训手册分为3篇:

第一篇导入篇,由指导教师讲解,帮助学生认识企业经营沙盘模拟,了解所要接手经营企业的现状,进行沙盘盘面的初始设定,掌握模拟竞赛的市场规则和企业运营规则,进行起始年的运营,以掌握企业运营流程。在进行起始年运营时,各角色可翻到操作篇的相关部分跟随操作。本篇的编写以"必需""够用"为原则。

　　第二篇操作篇，为受训者7年的经营竞赛而准备，包括企业经营过程控制监督表、企业经营过程记录表、人力资源总监附加用表等，供不同角色受训者使用。受训者开始第一年的运营前，一定要认真阅读第二篇的开篇语，这对有效运营非常重要。

　　第三篇总结篇，主要为受训者总结交流做准备，以达到提高实训效果的目的。本篇包括开篇语、受训者日常记录、受训者总结、经营竞赛交流、指导教师点评与分析等内容。

　　为了启发受训者的思维，提升总结交流的水平和效果，本书主编提供5篇阅读文章，分别从不同角度阐述了企业战略选择、经营方略与竞争策略等问题，供受训者总结提高时参考（请登录东北财经大学出版社网站（www.dufep.cn）免费下载）。

　　本实训手册将实训所用的实训任务书、实训指导书和实训报告书"三册合一"。在"第一篇　导入篇"的"1.0　开篇语"和"1.1　认识企业经营沙盘模拟"中阐述了本实训的目的、任务和要求；第二篇为实训操作指引和分角色操作过程记录；第三篇为实训报告记录及撰写实训报告指引。全书以第一篇为主，均为实训指导的具体内容。

　　本实训手册由刘平担任主编并总纂，安甜甜、韩莉、王浩担任副主编。具体分工如下：刘平编写前言，第一篇，第二篇2.0、2.2、2.8，第三篇3.0；安甜甜、韩莉、王浩参与了第二篇2.1和2.3的编写；钟育秀、王昊、陈玉新、董华彪参与了第二篇2.4至2.7、第三篇3.1至3.7的编写。

　　石丽、李康举、李文国、刘庆君等院系领导及老师对本书的编写提供了大力支持，常务副院长刘文波教授特为本书作序，张晓琳同学参与了部分资料的整理，本书在东北财经大学出版社卢悦编辑的热情鼓励和大力支持下得以编辑出版，在此一并表示衷心的感谢！同时，还要向本书所参考和引用的相关文献的原作者表示诚挚的谢意！

　　写书从某种程度上来说也是一种"遗憾"的事情。由于种种缘由，每每在书稿完成之后总能发现缺憾之处，本书也不例外。因此，恳请广大读者指出本书存在的缺点和错误，并提出宝贵的指导意见，这是对作者的最大鼓励。我们将在修订或重印时，将大家反馈的意见和建议恰当地体现出来。

　　交流邮箱：liuping661005@126.com。

编　者
2011年2月

目录

金蝶企业经营沙盘模拟实训手册

（学生用）

姓　　　名：＿＿＿＿＿＿＿＿

班　　　级：＿＿＿＿＿＿＿＿

学　　　号：＿＿＿＿＿＿＿＿

组　　　别：＿＿＿＿＿＿＿＿

组　　　名：＿＿＿＿＿＿＿＿

角　　　色：＿＿＿＿＿＿＿＿

指导教师：＿＿＿＿＿＿＿＿

实训时间：＿＿＿＿＿＿＿＿

　　在路上，在学习的路上，在人生的路上，我无法准确定义成功，但我知道什么会导致失败，放弃往往是失败的开始。不放弃，就有希望；坚持，才可能成功！

只有懂得规则，才能游刃有余。
只有认真对待，才能有所收获。
只有积极参与，才能分享成就。

课程思政目标： 基于社会主义核心价值观，运用马克思主义哲学思想，理论联系实际，掌握规则的重要性，继而强化学生对法律以及规章制度的敬畏心。

1.0 开篇语

学习规则是比较枯燥的，却是必需的。只有懂得规则，才能游刃有余。因此，我们要有以下几点认识：第一，我们是在经营模拟企业，为了运营方便而将内外部环境简化为一系列规则，因此与实际情况有一定差别，不必在规则上较真儿；第二，虽然是模拟经营，但是切不可将它当成简单的游戏，要将它当成真实的企业来经营，要有争强好胜的斗志；第三，要正确对待自己的角色，在一个企业中，每个人都扮演着不同的角色，每个角色都有其他角色不可替代的作用，因此每个角色都是重要的，都值得重视，都应该用心做好。

为了使本实训取得预期效果，现将实训目的和任务、实训方式、时间安排、实训要求与组织管理等内容阐述如下：

1.0.1 实训目的和任务

本实训的目的和任务如下：

（1）了解企业与企业的组织结构。

（2）认清沙盘模拟与真实企业之间的关系。

（3）熟练掌握竞赛规则。

（4）了解各个角色的任务和作用。

（5）深刻认识所担任角色的作用和任务。

（6）按照企业运营流程，履行所担负的职责。

（7）团队协作，努力争取竞赛的胜利。

（8）做好实训总结，获得最大的收获。

（9）激发低年级学生学习专业课的兴趣。

（10）使高年级学生学会理论联系实际，能够学以致用。

1.0.2　实训方式

（1）本实训的主要方式是：将学生分成6~8组，组成6~8个企业的管理团队，利用沙盘模拟企业经营，进行竞赛对抗。每个学生在模拟企业经营的过程中都将担任一定的角色。

（2）总结交流，分为模拟企业内部的总结交流和6~8个竞争企业之间的总结交流，这是本实训的重点。

1.0.3　时间安排

本实训主要分为4个阶段，建议各阶段安排如下：

第一阶段，实训动员和规则介绍。一般安排在周一上午，指导教师进行实训动员，介绍"第一篇　导入篇"的主要内容，使学生掌握竞赛规则和企业运营流程。

第二阶段，模拟企业经营竞赛。一般从周一下午开始到周三结束，在指导教师的监督下，学生按照竞赛规则，利用沙盘模拟企业7年的经营并进行竞赛。

第三阶段，撰写实训报告和模拟企业经营内部总结。一般安排在周四进行，每个学生按照要求撰写实训报告，并进行模拟企业经营内部总结。

第四阶段，实训总结与交流。一般安排在周五上午进行，各模拟企业派代表做主旨发言，总结模拟企业经营的得与失，指导教师点评，允许并鼓励其他学生发言，谈谈感受。

以上时间安排仅供参考，具体安排以指导教师公布的时间为准。

1.0.4　实训要求

（1）每个学生都要参与所有的实训流程，并负责一个具体的工作岗位。

（2）实训前要认真学习本实训手册的相关内容，明确实训目的、任务和相关要求，确保实训效果。

（3）在实训过程中，要端正实训态度，树立良好的团队精神。

（4）在实训过程中，要特别注意人身和财物的安全。

（5）遵守实训纪律，保证按时出勤，并完成相关任务；遵守实训教室的相关规定，听从安排。

（6）做好实训记录，记好实训日记，为撰写实训报告做好准备。

（7）认真撰写个人实训报告和模拟企业经营实训报告，字数分别不少于3 000字和4 000字。模拟企业首席执行官的个人实训报告与模拟企业经营实训报告合一。

1.0.5　组织管理

（1）学生分组由指导教师根据实际情况掌握。

（2）角色分工由各团队自行协商产生。

（3）实训期间，各模拟企业首席执行官应管理好本团队的人员。

1.1　认识企业经营沙盘模拟

1.1.1　"企业经营沙盘模拟"释义

对于沙盘，其实我们并不陌生。在影视剧中，我们经常可以看见叱咤风云、挥斥方遒的将军在沙盘面前指挥千军万马。在现实生活中，房地产开发商通常会制作小区规划布局沙盘，以利于房屋销售。如此，不一而足。这些沙盘都清晰地模拟了真实的地形、地貌或格局，使其服务的对象不必亲临现场，也能对相关情况了然于胸，从而能够从宏观的角度全面审视所处的环境，运筹帷幄。

企业经营沙盘模拟就是利用类似上述的沙盘理念，采用 ERP（Enterprise Resource Planning，企业资源计划）这种现代管理技术手段来模拟企业的真实经营，使学生从中得到锻炼、启发和提高。企业资源包括厂房、设备、物料、资金、人员，甚至包括企业上游的供应商和下游的客户等。企业资源计划的实质是使企业在资源有限的情况下，合理组织生产经营活动，降低经营成本，提高经营效率，提升竞争能力，力求做到利润最大化。可以说，企业的生产经营过程也是对企业资源的管理过程。

模拟意味着我们面对的不是一个真实的企业，而是具备真实企业主要特征的模拟企业。"金蝶企业经营沙盘模拟实训"课程就是把模拟企业的关键运营环节——战略规划、资金筹集、市场营销、产品研发、生产组织、物资采购、设备投资与改造、财务核算与管理等——设计为课程的主体内容，把企业运营所处的内外部环境抽象为一系列的规则，由受训者组成 6~8 个相互竞争的模拟企业，每个受训者在模拟企业中都扮演一定的角色，如首席执行官、首席运营官、财务总监、营销总监、生产总监、技术总监、采购总监、人力资源总监等，通过模拟企业 7 年的经营并进行对抗（竞赛），使受训者在分析市场、制定战略、营销策划、组织生产、财务管理和人员考核等一系列活动中，领悟科学管理的规律，提升管理能力，并深刻体会理论联系实际的重要性。

这是一种全新的体验式教学手段和方法——既能让受训者全面学习，掌握经济管理知识，又可以充分调动受训者学习的主动性和参与性，使受训者身临其境，真正感受到一个企业经营者直面的市场竞争的精彩与残酷，从而提升受训者的经营管理素质与能力。

1.1.2 企业经营沙盘模拟的意义

具体来说，沙盘对抗实训对学生具有以下意义：

（1）在快乐中学习，全面、正确地了解企业的基本运作流程和规则。

（2）体验团队配合与协作的价值。

（3）掌握企业经营过程中专业名词的含义。

（4）掌握企业各种财务报表的编制。

（5）将理论与实践很好地结合起来，具备"企业"的思想，学会从企业的角度思考问题，对企业经营管理思想有所认识。

同时，沙盘对抗实训对企业人员具有以下意义：

（1）通过实训来应用和验证以往的管理思想和方法，走出管理误区，更新管理理念。

（2）全面了解企业运营流程，打破狭隘的部门分割，增强管理者的全局意识和团队合作意识。

（3）分析生动鲜活的现场案例，认识不同战略的选择与经营业绩之间的逻辑关系。

（4）通过角色互换，学会换位思考，练习团队沟通，体验交流式反馈的魅力，提高团队决策能力，学习积极向上的组织文化。

（5）拓展管理视角，检视企业战略正确与否，立足产业链价值分配原则，谋求创造有利于企业发展的外部条件。

1.1.3 课程特色

1）体验式教学

阅读的信息，我们能记得10%；听到的信息，我们能记得20%；但所经历的事情，我们能记得80%。"企业经营沙盘模拟实训"课程以"现场经历"的方式，让学生感受策略"制定—实施—检验—调整"的完整过程，快乐体验"决策是如何影响结果的"，进而掌握核心管理技能。

2）"角色扮演+案例分析+顾问指导"的教学方式

学生在亲自体验的同时会得到现场资深教师的顾问式指导，从而更好地理解管理的真谛，掌握各种管理理论和管理工具。

3）鲜明直观的视觉特点

教学中使用的沙盘教具可以帮助学生清晰、直观地知晓模拟企业的经营状况。

1.1.4 模拟企业组织结构

任何一个企业在创建之初，都要建立与本企业类型相适应的组织结构。合理的组织结构是保证企业正常运转的基本条件。"企业经营沙盘模拟实训"课程采用简化的企业组织结构，主要角色包括首席执行官、首席运营官、财务总监、营销总监、生产总监、技术总监、采购总监、人力资源总监、商业情报人员等。当受训者人数较少时，可以一人兼多职；当受训者人数较多时，可以增加助理职务。

本实训中企业组织结构如图1-1所示。

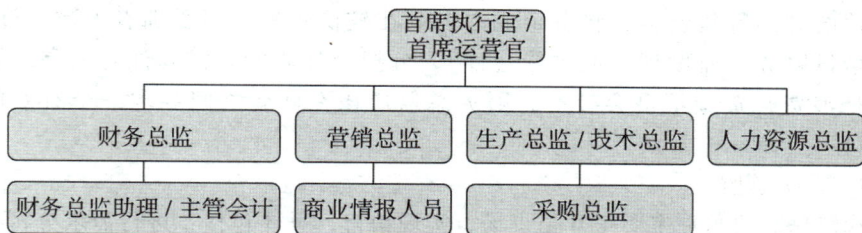

```
                    ┌─────────────┐
                    │  首席执行官 /  │
                    │  首席运营官   │
                    └──────┬──────┘
        ┌──────────┬───────┴────┬──────────────┐
   ┌────┴────┐ ┌───┴────┐ ┌─────┴──────┐ ┌─────┴─────┐
   │ 财务总监 │ │ 营销总监 │ │生产总监/技术总监│ │人力资源总监│
   └────┬────┘ └───┬────┘ └─────┬──────┘ └───────────┘
 ┌──────┴───────┐┌─┴────────┐┌──┴───────┐
 │财务总监助理/主管会计││商业情报人员││ 采购总监  │
 └──────────────┘└──────────┘└──────────┘
```

图1-1　本实训中企业组织结构参考图

1）首席执行官（CEO）

首席执行官负责制定和实施企业总体战略与年度经营规划；建立和健全企业的管理体系与组织结构，从结构、流程、人员、激励4个方面进行优化管理，实现管理的新跨越；主持企业的日常经营管理工作，实现企业的经营管理目标和发展目标。

现代企业的治理结构分为股东会、董事会和经理班子3个层次。企业经营沙盘模拟实训中省略了股东会和董事会，企业所有重要决策均由首席执行官带领团队成员共同决定。如果大家意见不同，则由首席执行官决定。做出有利于企业发展的战略决策是首席执行官的根本职责。此外，首席执行官还要控制企业按流程运营，要特别关注每个人是否能胜任其岗位，尤其是一些重要岗位，如财务总监、营销总监等。如果不能胜任，就要及时调整，以免影响整个企业的运营。

2）首席运营官（COO）

在现实企业中，首席运营官是一个重要的角色，负责组织协调企业的日常运营活动。在企业经营沙盘模拟实训中，首席运营官主要协助首席执行官控制企业按流程运营，起着盘面运行监督的作用。此角色为可选角色，当受训者人数较少时可不设。

3）财务总监（CFO）

在现实企业中，财务人员与会计人员的职责常常是分离的，他们有着不同的工作目标和工作内容。财务人员主要负责资金的筹集、管理，做好现金预算，管好、用好资金，妥善控制成本。会计人员主要负责日常现金的收支管理，定期核查企业的经营状况，核算企业的经营成果，制定预算及对成本数据进行分类和分析。如果说资金是企业的血液，财务部门就是企业的心脏。在企业经营沙盘模拟实训中，财务总监要参与企业重大决策方案的讨论，如设备投资、产品研发、市场开拓、ISO认证、购置厂房等。企业进出的任何一笔资金，都要经过财务部门。

当受训者人数较少时，可将上述两大职能归并到财务总监身上，由财务总监统一负责企业资金的预测、筹集、调度与监控。财务总监的主要任务是控制现金流，评估应收账款金额与回收期，预估长、短期资金需求，按需求支付各项费用、核算成本，做好财务分析；进行现金预算，洞悉资金短缺前兆，采用经济有效的方式筹集资金，将资金成本控制在较低水平。当受训者人数允许时，建议增设财务总监助理（或主管会计），分担会计职能。需要注意的是，资金闲置是浪费，资金不足会破产，财务总监应该在两者之间寻求一个有效的平衡点。

4）营销总监

营销总监的职责主要是开拓市场、实现销售，具体包括：进行需求分析和销售预测，寻求最优市场，构建销售部门目标体系；编制销售计划和销售预算；进行销售团队建设与管理；实施客户管理，确保货款及时回笼；进行销售业绩分析与评估；控制产品应收账款的账期，维护企业资金安全；分析市场信息，为确定企业产能和进行产品研发提供依据。

企业的利润是销售收入带来的，因此实现销售是企业生存和发展的关键。在企业经营沙盘模拟实训中，营销总监应结合市场预测及客户需求制订销售计划，有选择地进行广告投放，运用丰富的营销策略控制营销成本，取得与企业生产能力相匹配的销售订单，与生产部门做好沟通，保证按时交货给客户，监督货款的回收，进行客户关系管理。

营销总监还可以兼任商业情报人员，因为营销总监最方便监控竞争对手的情况，如竞争对手正在开拓哪些市场、未涉足哪些市场、在销售上取得了多大的成功、拥有哪类生产线、生产能力如何等。充分了解市场，并且洞悉竞争对手的动向，可以为企业战略决策的制定提供有效依据。

5）生产总监

生产总监是企业生产部门的核心人物，对企业的一切生产活动进行管理，并对企业的一切生产活动及产品负最终的责任。生产总监既是生产计划的制订者和决策者，又是生产过程的监控者。生产总监通过计划、组织、指挥和控制等手段实现企业资源的优化配置，为企业创造经济效益。

在企业经营沙盘模拟实训中，生产总监参与制定企业经营战略，负责指挥生产运营过程，选购、安装、维护、变卖生产设备，以及管理成品库等工作，进而权衡利弊，优化生产线组合，保证企业产能。通常来说，生产能力是影响企业发展的重要因素，因此生产总监要有计划地扩大生产能力，以满足市场竞争的需要；同时提供季度产能数据，为企业决策和运营提供依据。

6）技术总监

技术总监是企业产品开发部门（技术部门）的核心人物，主要负责企业技术管理体系的建设和维护，制定技术标准和相关流程，主持开发新技术、新产品，带领和激励自己的团队完成企业赋予的任务，从而实现企业的技术管理目标，为企业创造价值。一个好的技术总监不仅要有很强的技术管理体系建设能力，而且要有很强的团队管理能力，要对企业所在行业有深入的了解，对行业的技术发展趋势和管理现状有准确的判断。

在企业经营沙盘模拟实训中，技术总监的职责具体包括：组织研究行业最新产品的技术发展方向，主持制定技术发展战略规划；管理企业的整体核心技术，组织编制和实施重大技术决策和技术方案；及时了解和监督技术发展战略规划的执行情况；制订技术人员培训计划，组织安排企业其他相关人员的技术培训等。技术总监往往由生产总监兼任。

7）采购总监

采购是企业开展生产的首要环节。采购总监的职责包括：进行各种原料的及时采购和安全管理，从而确保企业生产的正常进行；编制并实施采购供应计划，分析各种物资供应渠道的优劣及市场供求变化情况，力求在价格和质量上把好第一关，为企业生产做好后勤保障；进行供应商管理；进行原料库存的数据统计与分析。

在企业经营沙盘模拟实训中，采购总监负责依据生产计划制订采购计划、与供应商签订供货合同、按期采购原料并向供应商付款、管理原料库等具体工作，以确保在合适的时间采购品种及数量合适的原料，使生产正常进行。

8）人力资源总监

人才是现代企业的核心竞争力。一流的企业是由一流的人组成的，优秀的产品是由优秀的人创造出来的，因此人力资源是企业的第一资源。人力资源总监负责企业的人力资源管理工作，具体包括：企业组织结构设计、岗位职责确定、薪酬体系安排、人员招聘与考核等。

在企业经营沙盘模拟实训中，原来没有设定此角色，但是经过多轮实训，我们觉得有必要增设此角色。特别是在受训者人数比较多的情况下，人力资源总监要对每个受训者的参与度与贡献度进行考评，然后提交给首席执行官做出组内排名，并将其作为评定学生实训成绩的重要依据之一。

9）商业情报人员

知己知彼，方能百战百胜，闭门造车是不行的。情报工作在现代商业竞争中具有非常重要的作用，不容小觑。当受训者人数较少时，此项工作可由营销总监承担；当受训者人数较多时，可设专人协助营销总监完成此项工作。

10）其他角色

当受训者人数较多时，可适当增加首席执行官助理、财务总监助理、营销总监助理、生产总监助理等辅助角色，特别是财务总监助理，很值得增设。同时，为了使这些辅助角色不被边缘化，应尽可能明确其所承担的具体工作任务。

1.1.5　关于企业生存与破产

企业在市场上生存下来的基本条件包括：

（1）以收抵支。

（2）到期还债。

如果企业出现以下2种情况，就将宣告破产：

（1）资不抵债。当企业取得的收入不足以弥补支出时，所有者权益就会为负，企业就会破产。

（2）现金断流。当企业无力偿还到期的负债时，企业也会破产。

1.1.6　金蝶沙盘盘面参考图

金蝶沙盘盘面参考图分为电子和手工2种，如图1-2和图1-3所示。

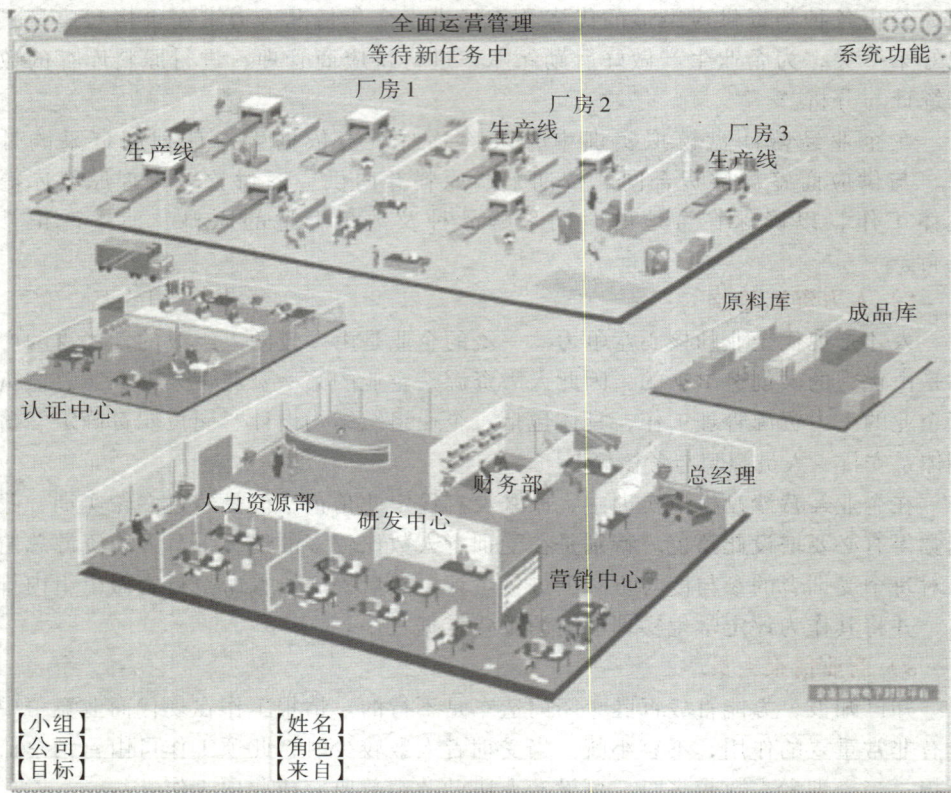

图1-2　金蝶电子沙盘盘面参考图

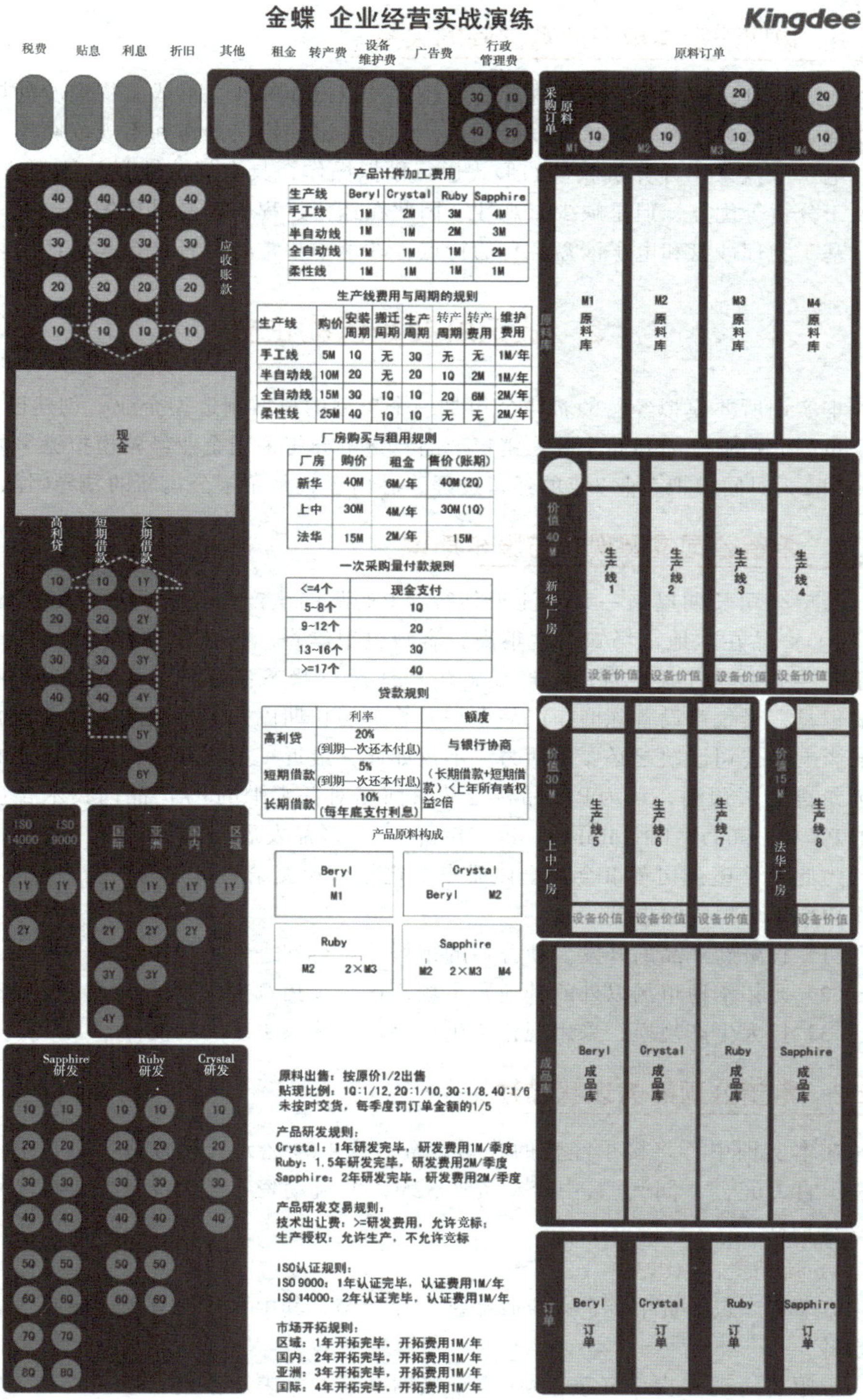

金蝶 企业经营实战演练　　　　Kingdee

税费　贴息　利息　折旧　其他　租金　转产费　设备维护费　广告费　行政管理费　　原料订单

采购订单　原料

产品计件加工费用

生产线	Beryl	Crystal	Ruby	Sapphire
手工线	1M	2M	3M	4M
半自动线	1M	1M	2M	3M
全自动线	1M	1M	1M	2M
柔性线	1M	1M	1M	1M

生产线费用与周期的规则

生产线	购价	安装周期	搬迁周期	生产周期	转产周期	转产费用	维护费用
手工线	5M	1Q	无	3Q	无	无	1M/年
半自动线	10M	2Q	1Q	2Q	1Q	1M/次	1M/年
全自动线	15M	3Q	1Q	1Q	2Q	6M	2M/年
柔性线	25M	4Q	1Q	1Q	无	无	2M/年

厂房购买与租用规则

厂房	购价	租金	售价(账期)
新华	40M	6M/年	40M(2Q)
上中	30M	4M/年	30M(1Q)
法华	15M	2M/年	15M

一次采购量付款规则

	现金支付
<=4个	
5~8个	1Q
9~12个	2Q
13~16个	3Q
>=17个	4Q

贷款规则

	利率	额度
高利贷	20%(到期一次还本付息)	与银行协商
短期借款	5%(到期一次还本付息)	(长期借款+短期借款)<上年所有者权益2倍
长期借款	10%(每年底支付利息)	

产品原料构成

Beryl	Crystal
M1	Beryl　　M2

Ruby	Sapphire
M2　　2×M3	M2　2×M3　M4

原料出售:按原价1/2出售
贴现比例:1Q:1/12, 2Q:1/10, 3Q:1/8, 4Q:1/6
未按时交货,每季度罚订单金额的1/5

产品研发规则:
Crystal:1年研发完毕,研发费用1M/季度
Ruby:1.5年研发完毕,研发费用2M/季度
Sapphire:2年研发完毕,研发费用2M/季度

产品研发交易规则:
技术出让费:>=研发费用,允许竞标
生产授权:允许生产,不允许竞标

ISO认证规则:
ISO 9000:1年认证完毕,认证费用1M/年
ISO 14000:2年认证完毕,认证费用1M/年

市场开拓规则:
区域:1年开拓完毕,开拓费用1M/年
国内:2年开拓完毕,开拓费用1M/年
亚洲:3年开拓完毕,开拓费用1M/年
国际:4年开拓完毕,开拓费用1M/年

应收账款　现金　高利贷　短期借款　长期借款

ISO 14000　ISO 9000　国际　亚洲　国内　区域

Sapphire研发　Ruby研发　Crystal研发

原料库：M1原料库　M2原料库　M3原料库　M4原料库

价值40M 新华厂房：生产线1　生产线2　生产线3　生产线4　设备价值

价值30M 上中厂房：生产线5　生产线6　生产线7　生产线8　设备价值

价值15M 法华厂房

成品库：Beryl成品库　Crystal成品库　Ruby成品库　Sapphire成品库

订单：Beryl订单　Crystal订单　Ruby订单　Sapphire订单

图 1-3　金蝶手工沙盘盘面参考图

1.1.7 物理沙盘与电子沙盘之间的关系

物理沙盘是使用手工教具进行企业经营模拟操作的沙盘形式。物理沙盘具有操作性强、直观性强、趣味性强等优点，但容易出现错误操作和不规范操作。

电子沙盘采用计算机软件的形式进行模拟操作，具有规范性强、评判公正、有助于分析等优点，但是缺少直观性，因此在经营过程中容易出现失误。

基于物理沙盘和电子沙盘各自的特点，教学中常常将两者结合起来使用。

1.2 认识所要经营的企业

本实训所要模拟经营的希望公司是一个典型的离散制造型企业，创建已有3年。希望公司唯一的利润来源是销售产品。董事会将采用企业经营模拟竞争的方式，用2天时间模拟企业7年的经营过程，胜出者就是希望公司新的领导团队。

1.2.1 希望公司发展现状与股东期望

希望公司长期以来一直专注于某行业P产品的生产与经营，目前生产的P1（Beryl）产品在本地市场知名度很高，客户也很满意。公司在自有厂房安装了3条手工生产线和1条半自动生产线，生产线运行状态良好，上年度盈利700万元。但是，受生产设备陈旧、产品单一、管理层长期以来经营墨守成规等方面因素的影响，公司已缺乏必要的活力。不仅如此，最近一家权威机构对该行业的发展前景进行了预测，认为P产品将会从目前相对低水平的P1产品向技术含量更高的P2（Crystal）、P3（Ruby）、P4（Sapphire）产品发展。

为此，希望公司董事会及全体股东决定将公司交给一批优秀的新人去发展，并希望新管理层能够做到：

（1）投资新产品的开发，使公司的市场地位得到进一步提高。

（2）开拓本地市场以外的其他新市场，进一步拓宽市场领域。

（3）扩大生产规模，采用现代化生产手段，获取更多的利润。

1.2.2 希望公司财务现状描述

在本实训中，将接手经营的公司总资产为1.04亿元（模拟货币单位104M，M表示百万元，下同），其中流动资产52M，非流动资产52M；负债23M，所有者权益81M。

1）流动资产（52M）

流动资产包括货币资金、应收账款、存货等，其中存货又分为在制品、成品和原料。

希望公司现有货币资金24M；2个账期（2Q，Q表示季度，下同）和3个账期（3Q）的应收账款各7M，合计14M；Beryl在制品3个，价值合计6M；Beryl

成品3个，价值合计6M；M1原料2个，价值合计2M。

2）非流动资产（52M）

非流动资产包括土地及厂房、生产设施、在建工程等。其中，土地及厂房在本实训中专指厂房，生产设施指生产线，在建工程指未建设完工的生产线。

希望公司现有价值40M的新华厂房以及价值12M的生产线（包括3条手工生产线和1条半自动生产线），没有在建工程。其中，1条手工生产线的净值为2M，另2条手工生产线的净值均为3M，半自动生产线的净值为4M。

3）负债（23M）

负债包括流动负债和非流动负债。其中，流动负债主要指短期借款、应交税费、应付账款等，非流动负债主要指长期借款。

希望公司现有短期借款20M，其中10M在3Q位置，10M在4Q位置。另有应交税费3M，没有长期借款。

4）所有者权益（81M）

所有者权益包括实收资本、未分配利润等。其中，未分配利润可分为利润留存和年度净利润。

希望公司现有实收资本70M，利润留存4M，年度净利润7M。

1.3 初始状态设定

1.3.1 生产中心初始状态设定

目前，希望公司有1个价值40M的新华厂房，里面有3条手工生产线和1条半自动生产线，均在生产Beryl产品。其中，第一条手工生产线的1Q生产位置、第二条手工生产线的3Q生产位置和半自动生产线的1Q生产位置有在制品在生产，第三条手工生产线上没有在制品。1个Beryl的在制品由1个M1原料与1M加工费放在1个空桶中构成。

手工生产线要3个完整季度生产1个产品，半自动生产线要2个完整季度生产1个产品，全自动生产线和柔性生产线要1个完整季度生产1个产品，如图1-4所示。

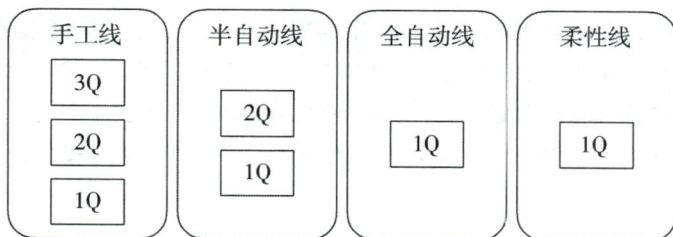

图1-4 不同生产线生产产品所需时间

1.3.2　营销与规划中心初始状态设定

目前在本地市场销售 Beryl 产品，未来可能开发的市场与产品如图1-5所示。

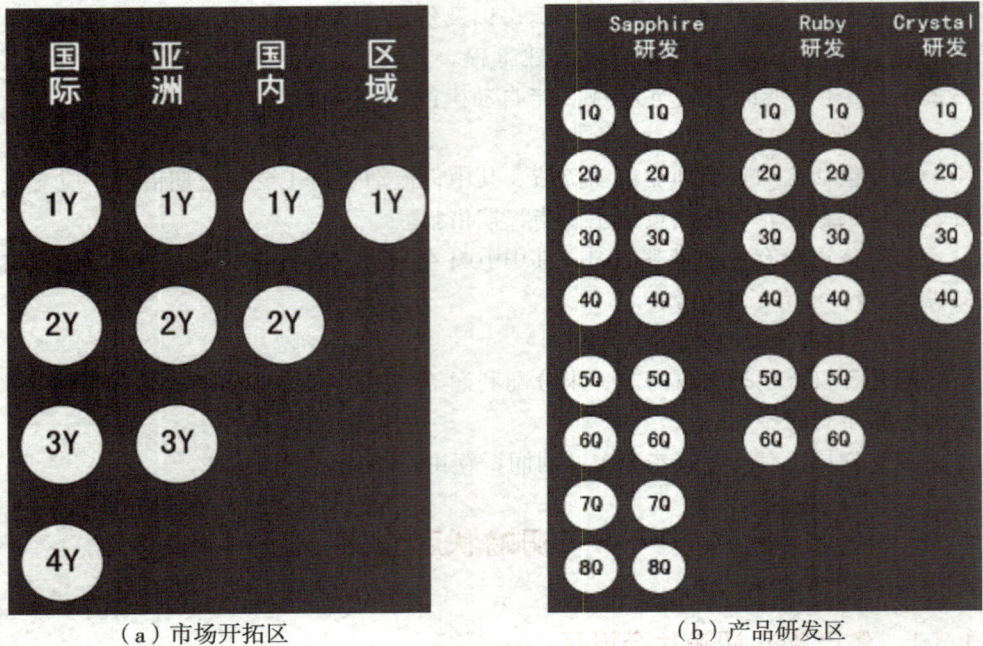

（a）市场开拓区　　　　　　　　　　（b）产品研发区

图1-5　市场开拓与产品研发区

1.3.3　物流中心初始状态设定

目前，Beryl 成品库中有 3 个 Beryl 成品，价值合计 6M；M1 原料库中有 2 个 M1 原料；采购部已预订 2 个 M1 原料，采购总监将采购数量写于小纸片上，放置到 1 个空桶中，然后将此空桶放置到 M1 原料采购订单处。Beryl 成品构成与在制品相同。

1.3.4　财务中心初始状态设定

目前，现金池有 24M 货币资金，有 14M 应收账款，将 2 个各装有 7 个货币的空桶分别放在应收账款 2Q 位置和 3Q 位置。另有短期借款 20M，将 2 个各写有 10M 借款字条的空桶分别放在短期借款 3Q 位置和 4Q 位置。

希望公司的简易利润表和简易资产负债表见表1-1和表1-2。

表1-1 简易利润表 单位：百万元

项目		金额
营业收入	+	40
营业成本	−	17
毛利	=	23
综合费用	−	8
折旧前利润	=	15
折旧	−	4
支付利息前利润	=	11
财务收入/支出	+/−	1
其他收入/支出	+/−	0
利润总额	=	10
所得税费用	−	3
净利润	=	7

表1-2 简易资产负债表 单位：百万元

资产		金额	负债和所有者权益		金额
流动资产：			负债：		
货币资金	+	24	短期借款	+	20
应收账款	+	14	应付账款	+	0
在制品	+	6	应交税费	+	3
成品	+	6	一年内到期的非流动负债	+	0
原料	+	2	长期借款	+	0
流动资产合计	=	52	负债合计	=	23
非流动资产：			所有者权益：		
土地及厂房	+	40	实收资本	+	70
生产设施	+	12	利润留存	+	4
在建工程	+	0	年度净利润	+	7
非流动资产合计	=	52	所有者权益合计	=	81
资产总计	=	104	负债和所有者权益总计	=	104

财务中心示意图如图1-6所示。

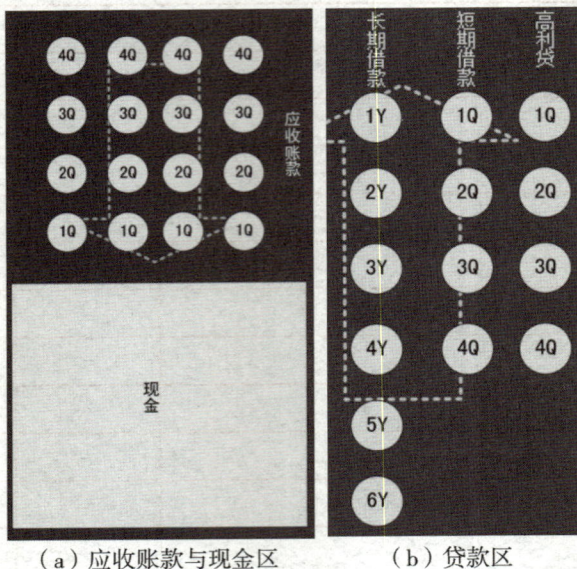

（a）应收账款与现金区　　　（b）贷款区

图1-6　财务中心示意图

1.4　模拟企业市场规则

任何企业的生存和发展都离不开市场这个大环境。谁赢得市场，谁就赢得了竞争。

1.4.1　市场划分与市场准入

希望公司目前在本地市场经营，新市场包括区域、国内、亚洲、国际四类。

不同市场投入的费用及时间不同，只有支付全部市场投入费用后方可接单，见表1-3。资金短缺时，可随时中断或终止投入，但不可加速投资。各市场之间没有必然的联系，可以跳跃式选择要开拓的市场，如放弃其中某一两个市场。

表1-3　　　　　　　　　市场开拓费用与开拓时间表

市场	开拓费用	开拓时间	说明
区域	1M	1年	各市场开拓可同时进行；
国内	2M	2年	资金短缺时,可随时中断或终止投入；
亚洲	3M	3年	开拓费用按开拓时间平均投入,不允许加速投资；
国际	4M	4年	市场开拓完成后,领取相应的市场准入证

市场开拓投资按年度支付，允许同时开拓多个市场，但每个市场每年最多投资1M。市场开拓完成后，持开拓费用到指导教师处领取市场准入证，之后才能够进入该市场竞单。当年市场开拓费用计入当年综合费用。

1.4.2　销售会议与订单争取

销售预测和销售订单是企业生产的依据。每年初，各企业的营销总监都要参加销售会议，根据市场地位、广告投放量、市场需求及竞争态势，按图1-7所示顺序选择订单。

市场老大 → 该市场某产品的广告投放量 → 该市场全部产品的广告投放量 → 招标或抓阄

图 1-7　选单顺序

首先，根据上年企业在该市场的订单销售额决定市场领导者（也称"市场老大"），并由市场老大最先选择订单，但前提是市场老大在想要接单的产品上至少打1M的广告费。如果上年市场老大因存在未按期交货订单或破产等而被取消市场老大地位，则此市场该年无市场老大，订单选取按无市场老大的情况进行。

其次，按该市场某产品广告投放量的多少，依次选择订单。若在同一产品上有多家企业的广告投放量相同，则按该市场全部产品的广告投放量决定选单顺序。若该市场全部产品的广告投放量也相同，则可通过招标或抓阄等方式选择订单。

1）市场地位

市场地位是针对每个市场而言的。企业的市场地位根据上一年度各企业的实际销售额排列，销售额最高的企业称为该市场的市场老大。市场老大是有可能改变的。

注意：第一年没有市场老大。

2）广告投放量

广告是分市场、分产品投放的，投入1M广告费有1次选取订单的机会，以后每多投2M广告费增加1次选单的机会，但能否选上订单则取决于市场需求、竞争态势等因素。例如，A公司为第三年本地市场老大，其在Crystal产品上投入了5M广告费，即可以获得3次选单的机会，但若在第一轮选单完毕后只剩下1张订单，则只能实现2次选单，而不能实现3次选单。

9K和14K分别指ISO 9000和ISO 14000，如果希望获得标有"ISO 9000"或"ISO 14000"的订单，则必须在相应的栏目中投入1M且只需要投入1M的广告费，该投入对该市场的所有产品均有效。

说明：①市场老大要想获得选单机会，至少要投入1M的广告费。②无论投入多少广告费，每次只能选择1张订单，然后等待下一次选单机会。③各个市场的产品数量是有限的，并非打广告就一定能得到订单，"市场预测"更准确并且"商业间谍"更得力的企业将更具有竞争优势。

3）销售订单

销售订单以卡片的形式表示。卡片上标注了市场、产品、产品数量、单价、订单价值总额、账期、交货期、特殊要求等内容。

（1）订单上的账期代表客户收货时货款的交付方式。若账期为 0，则表示现金付款；若账期为 3Q，则表示客户付给企业的是 3 个季度到期的应收账款。

（2）如果订单上标注了"ISO 9000"或"ISO 14000"，则要求生产企业必须取得相应的认证并投入了认证的广告费。只有 2 个条件都具备，才能接此订单。电子沙盘只需要取得"ISO 9000"或"ISO 14000"认证即可，不需要支付认证的广告费。

（3）如果订单上有"加急！！！"字样，表示此订单为加急订单，必须在 1 个季度内交货；其余订单为普通订单，按规定的交货期交货即可。如果不能按时交货，则企业将受到以下处罚：每超过 1 个季度，按该订单金额的 20%（取整）罚款。

订单卡片代表企业在市场上获得的销售订单，订单卡片包含了很多信息。

图 1-8 表示第一年本地市场 4 个 Beryl 产品的订单，单价 4.3M，总额 17M。本张订单为加急订单，应在第一季度交货。"账期：0"表示交货后能直接得到现金货款。

```
Beryl（Y1,本地）        加急!!!
4×4.3M=17M
账期:0                交货:Q1
```

图 1-8　订单卡片（1）

图 1-9 表示第四年本地市场 4 个 Beryl 产品的订单，单价 4.3M，总额 17M。"交货：Q2"表示应在前 2 个季度内（含第一季度和第二季度）交货；"账期：1Q"表示交货后 1 个季度货款才能到达现金池。"ISO 9000"表示接此单需要 ISO 9000 资格认证。

```
Beryl（Y4,本地）
4×4.3M=17M  ISO 9000
账期:1Q               交货:Q2
```

图 1-9　订单卡片（2）

订单允许转让，转让价格由转让双方协商。

1.4.3　如何有效接单

希望公司的利润来源只有销售产品，因此如何选择最有价值的销售订单意义非凡。销售订单的选取一般需要考虑以下几方面因素：

（1）企业的实际产能。

（2）产品销售价格。

（3）应收账款的账期。

（4）订单的约束条件（如加急单或需要 ISO 认证等）。

在实际操作中，营销总监必须拥有敏锐的洞察力和准确的判断力，做到左眼是"显微镜"盯企业，右眼是"放大镜"盯市场，既要专注于某个市场，又要统筹安排全局。例如，营销总监应结合企业的产能状况、财务状况、市场地位、产品价格差异等因素合理考虑各个市场的订单分布。

关于有效接单，具体建议如下：

（1）依据产能接适量的订单，防止因产能不足而出现违约。

（2）结合企业的财务状况，争取用最少的广告费用获取最高的销售额和利润，并保证现金及时回流。

（3）正确分配产品在各个市场的分布，保住或争取市场老大地位。

（4）尽量在利润率高的市场接单，尽量接利润率高的订单。

（5）选择正确的广告投放方式。例如，对于有明显优势（市场老大）或竞争较弱的市场，可采取遍地开花的策略，即对各个产品均投入少量的广告费，以获取大量订单；对于竞争激烈的市场，可采用集中的策略，即将广告费集中在有利可图的某一两个产品上，以确保有单可选，避免浪费广告费。同时，应注意广告费的规模效益，争取在平等竞争中获取优势（单个产品的广告费相同时，该市场总广告费多者优先选单）。

（6）尽量充分掌握竞争对手的广告策略和订单信息。选单的时候，不仅要关注自己，而且要关注竞争对手，在订单数量和订单的约束条件上"做文章"。

个案思考

A 公司第一年在本地市场对 P1 产品投放了最多的广告费（19M），却选择了销售额第二大的订单，因此失去了市场老大的地位，这是一个很明显的失误。然而，在实训中类似的失误确实时有发生，我们应杜绝这种失误。不过本案例的关键并不在这里，真正值得我们思考的是：

（1）用 19M 的广告费去争取市场老大地位是否值得？风险是否太大？

（2）如果成为市场老大还好，如果没有呢？假如有企业打了 20M 广告费呢？

（3）如果第二名的广告费只有 7M，夺取这个市场老大地位的代价是否太大？

（4）如果分出 10M，甚至 15M 去做产品开发和新市场开拓，是否更有价值？

（5）用多大的代价（打多少广告费）争取本地市场老大地位比较合适？

第一年6张订单的毛利依次为22M、16M、14M、10M、7M和4M。

个案分析

B公司拥有2条第三年第二期（2Q）可投资完成的P2产品全自动生产线。该公司在第三年初的销售会议上接了4个P2产品的订单，结果到年底P2产品不够4个，无法交单，导致违约。这是为什么呢？

因为2条P2产品全自动生产线2Q完成投资，3Q方可上线生产，到4Q时，各生产出1个P2产品（共2个）；4Q时上线生产的P2产品要到第四年1Q方可下线，因此B公司第三年实际上只能生产出2个P2产品，无法交上4个P2产品，最终导致订单违约。

教训分享

此案例来自2008年"用友杯"全国大学生沙盘模拟经营大赛辽宁赛区决赛（本科组），这次决赛共有9组选手参赛。比赛进行到第三年时，绝大多数参赛组的产能都已具有相当的规模，市场对各公司越来越重要。此时，国内市场刚刚开放，尚无市场老大，各组都跃跃欲试，竞争相当激烈。

C公司在该市场对每种产品各投了2M广告费，该市场广告费合计为8M。由于其他各组在P2、P3产品的广告费上最低投入是3M，而P2、P3产品仅各有6张订单，因此C公司丧失了对P2、P3产品的选单机会，4M广告费等于白白浪费了。I公司将8M广告费集中在P2、P3产品上，各投入4M，结果得到了总额54M的订单，收获颇丰。

可见，此种竞争状态适合采用集中力量、各个击破的策略，不适合采用广种薄收、遍地开花的策略。

1.5　模拟企业运营规则

在现实生活中，企业需要遵循各项法律法规，以及产品开发、生产运作、资金融通的规则。在本实训中，相关运营规则可简要归纳为以下几个方面：

1.5.1　厂房购买、租赁与出售

金蝶沙盘有新华、上中、法华3种厂房。厂房购买、租赁与出售规则见表1-4。厂房出售，需要过了账期才能收现。出售后转租，每年需要交纳租金。厂房可抵押给银行，抵押期5年，视为长期借款，年底交利息。

表 1-4 　　　　　　　　　**厂房购买、租赁与出售规则**

厂房	购价	租金	售价(账期)	容量
新华	40M	6M/年	40M(2Q)	4 条生产线
上中	30M	4M/年	30M(1Q)	3 条生产线
法华	15M	2M/年	15M	1 条生产线

年底时应决定厂房的购买、租赁或出售。购买厂房后，将购买价放在厂房价值处，表明该厂房的价值，厂房不计提折旧；租赁厂房时，将租金放在综合费用区的租金处；出售新华厂房的收入为 2Q 应收账款，出售上中厂房的收入为 1Q 应收账款，不是可以马上使用的现金，急需用钱时可以贴现；出售法华厂房的收入为现金。新华厂房如图 1-10 所示。

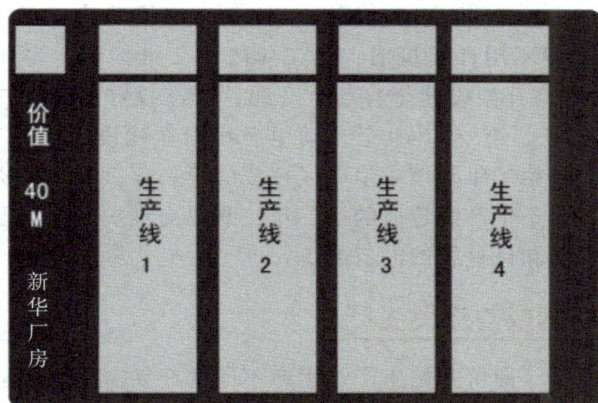

图 1-10　新华厂房示意图

1.5.2　生产线购买、转产、维护、出售与折旧

（1）购买。投资新生产线时，按安装周期平均支付费用，全部投资到位的下一个季度领取产品标识，开始生产。因此，投资完成后的下一个季度才算生产线建成。生产线建成后，可在各厂房间搬迁。企业之间可租借生产线。

（2）转产。现有生产线转产时，需要一定的转产周期并支付一定的转产费用，最后一笔转产费用支付后 1 个季度方可更换产品标识。只有空的并且已经建成的生产线方可转产或变卖。

（3）维护。当年在建的生产线不用交维护费；当年建成的生产线要交维护费。生产线变卖，按季度考虑交维护费。

（4）出售。生产线按折旧后的净值出售。

（5）折旧。生产线采用平均年限法计提折旧，折旧年限是 5 年。当年新建成的生产线，当年不计提折旧。

生产线购买、转产与维护规则见表 1-5。

表1-5　　　　　　　　　　生产线购买、转产与维护规则

生产线	购买价格	安装周期	搬迁周期	生产周期	转产周期	转产费用	维护费用
手工线	5M	1Q	无	3Q	无	无	1M/年
半自动线	10M	2Q	无	2Q	1Q	2M	1M/年
全自动线	15M	3Q	1Q	1Q	2Q	6M	2M/年
柔性线	25M	4Q	1Q	1Q	无	无	2M/年

　　例如，第一年1Q投建柔性生产线，连续投资，到4Q投资完成，第二年1Q方可领取产品标识，开始生产。因此，该条生产线的建成时间是第二年1Q，而不是第一年4Q。该条生产线第一年4Q尚在建设中，既不用交维护费，也不需要计提折旧；第二年是该条生产线建成的第一年，不用计提折旧，但要交维护费；第三年是该条生产线建成的第二年，既要交维护费，也要计提折旧。

　　如果第一年1Q投建全自动生产线，连续投资，到3Q投资完成，第一年4Q就可以领取产品标识，开始生产。因此，该条生产线的建成时间是第一年4Q，年底要交维护费，但不用计提折旧；第二年既要交维护费，也要计提折旧。当然，也可以第一年2Q开始投建全自动生产线，连续投资，这就与上面投建柔性生产线的时间一致了。第一年4Q全自动生产线尚在建设中，既不用交维护费，也不需要计提折旧；第二年是该条生产线建成的第一年，不用计提折旧，但要交维护费；第三年是该条生产线建成的第二年，既要交维护费，也要计提折旧，从而达到延缓交维护费和计提折旧的目的。

1.5.3　产品原料构成与产品生产

　　产品研发完成后，即可开始生产，生产不同的产品需要不同的原料。产品原料构成见表1-6。

表1-6　　　　　　　　　产品原料构成

产品	原料构成		
Beryl	1M1		
Crystal	1Beryl	1M2	
Ruby	1M2	2M3	
Sapphire	1M2	2M3	1M4

　　生产计件加工费见表1-7。不同的产品采用不同的生产线，生产加工费也不同。允许组间买卖产品，价格由买卖双方协商；也可来料加工、完全外包加工，价格由双方协商。

表1-7　　　　　　　　　生产计件加工费

产品	手工线加工费	半自动线加工费	全自动线加工费	柔性线加工费
Beryl	1M	1M	1M	1M
Crystal	2M	1M	1M	1M
Ruby	3M	2M	1M	1M
Sapphire	4M	3M	2M	1M

　　说明：空生产线才能上线生产，1条生产线在同一时刻只能生产1个产品，开始生产时按产品结构要求将原料放在生产线上并支付相应的加工费。上线生产必须有原料，否则必须停工待料。

1.5.4　原料采购

　　原料采购涉及2个环节，即签订采购合同和按合同收料。签订采购合同时，要注意采购提前期，M1、M2需要提前1Q下订单，M3、M4需要提前2Q下订单，到期方可取料。原料采购早了会造成原料积压，占用资金；原料采购晚了会造成停工待料，影响生产效率。

　　用空桶表示原料订货，将采购数量写在小纸条上放入空桶中，将其放在沙盘盘面相应的原料订单上，并登记在采购登记表订购数量的相应栏目，订货时不付款。货物到达时必须照单接收，并按规定付款或计入应付账款，同时登记在采购登记表采购入库的相应栏目。

　　与用友沙盘相比，金蝶沙盘里增加了批量采购的规则，即原料的采购数量不同，支付货款的方式也不同。

　　原料采购的付款账期见表1-8。

表1-8　　　　　　　　　　　　　原料采购的付款账期

每季度采购某种原料数量	付款账期
4个及4个以下	现金
5～8个	1Q
9～12个	2Q
13～16个	3Q
17个及以上	4Q

　　说明：将原料变卖给银行按原值的1/2处理，各组之间可以相互转让原料。

1.5.5　产品研发

　　产品的研发与投资可以同时进行，按研发周期平均支付研发费用，也可以有选择地分别支付。资金短缺时，可以随时中断或终止投资。当年研发投资计入当年综合费用，研发投资完成后持全部投资换取产品生产资格证。产品研发技术允许转让，转让金额大于或等于研发费用。研发完成后方可开始生产新产品。

　　产品研发周期与费用见表1-9。

表1-9　　　　　　　　　　　　　产品研发周期与费用

产品	Crystal	Ruby	Sapphire	备注说明
研发周期	4Q	6Q	8Q	研发周期可以延长，但不能加速投资
研发费用	4M	12M	16M	

　　例如，Ruby产品的研发周期为6Q。企业从第一年1Q开始研发Ruby，最快要到第二年2Q才能完成研发。因此，最快要到第二年3Q方可开始生产Ruby。

1.5.6 ISO 认证

ISO 9000 和 ISO 14000 两项认证可同时进行，按持续时间平均支付认证费用。相应投资完成后，持全部投资费用换取相应的 ISO 资格证。当年认证投资计入当年综合费用。从第四年开始，市场有 ISO 认证要求。

ISO 认证时间与认证费用见表 1-10。

表 1-10　　　　　　　　　　ISO 认证时间与认证费用

ISO 认证体系	ISO 9000	ISO 14000	备注说明
认证时间	1 年	2 年	认证时间可以延长，但不能提前
认证费用	1M/年	1M/年	

1.5.7 融资贷款与资金贴现

长期借款最长期限为 6 年，短期借款及高利贷期限为 1 年，不足 1 年的按 1 年计息。新借长期借款从次年开始支付利息，当年偿还的长期借款当年也要交利息，长期借款 10M 起贷；短期借款到期时一次还本付息，短期借款 20M 起贷。

融资贷款规则见表 1-11。

表 1-11　　　　　　　　　　融资贷款规则

贷款类型	办理时间	最大额度	利率	还本付息时间
长期借款（6年）	年末	上年所有者权益的2倍	10%	年底付息，到期还本
短期借款（1年）	季初		5%	到期一次还本付息
高利贷（1年）	随时	与银行协商	20%	到期一次还本付息

说明：本年贷款最大额度＝上年所有者权益×2-已贷长期借款-已贷短期借款。长期借款以 10M 的整数倍为单位，短期借款以 20M 的整数倍为单位。同时需要注意，不要轻易借高利贷。

资金贴现在有应收账款时随时可以进行。

资金贴现规则见表 1-12。

表 1-12　　　　　　　　　　资金贴现规则

应收账款账期	1Q	2Q	3Q	4Q
贴现比率	1/12	1/10	1/8	1/6

说明：例如，1Q 应收账款贴现以 12M 及 12M 的整数倍为单位，每 12M 的应收账款交纳 1M 贴现费用，放入综合费用区的贴息栏，其余 11M 作为现金放入现金库，不足 12M 按 12M 计算。再如，3Q 应收账款贴现以 8M 及 8M 的整数倍为单位，每 8M 的应收账款交纳 1M 贴现费用，放入综合费用区的贴息栏，其余 7M 作为现金放入现金库，不足 8M 以 8M 计算。

1.5.8　破产处理

当一家公司破产后，可以采用以下2种处理方式：

1）注资

当注入金额≥弥补该公司当年所有者权益时，独立运营。

股权比率=注资金额÷（注资金额+破产公司总资产）

2）合并

当注入金额≥该公司一年内到期的负债额时，集团公司运营。

1.5.9　综合费用与折旧、税费、利息、贴息

1）综合费用

当年发生的行政管理费（每个季度1M）、市场开拓投资、产品研发投资、ISO认证投资、广告费、转产费、设备维护费、租金等计入当年综合费用。

2）折旧

每年按所有应折旧生产线净值的1/3取整计算折旧额。当年建成的生产线当年不计提折旧。当生产线净值小于3M时，每年提1M折旧；当生产线净值为零时，不再计提折旧。

3）税费

每年的所得税费用计入应交税费，在下一年初缴纳。

4）利息、贴息

利息、贴息等费用在利润表中单列为财务支出。

1.5.10　处罚规则

（1）简易财务报表必须真实，如果查出假账，处以相差金额5倍的罚款。

（2）必须按照规则运作，每发现一次违规，罚款1M。

（3）贷款时必须和银行协商，不能私自贷款或者延长贷款期限。每发现一次违规，罚款5M。

（4）盘面信息必须真实，每发现一次作假，罚款1M。

（5）必须按照操作顺序进行，不能私自修改顺序，每发现一次违规，罚款1M。

（6）原料、成品必须摆放在规定的位置，不能混用，每发现一次违规，罚款1M。

（7）年末提交财务报表，如果未按时提交，按照1M/10分钟罚款。

1.6　编制简易财务报表说明

简易利润表和简易资产负债表见表1-13和表1-14。

表1-13　　　　　　　　　　　**简易利润表（以起始年为例）**　　　　　　　单位：百万元

序号	项目		本期 金额	上期 金额	数据来源
1	营业收入	+		40	产品核算统计表中的销售额合计
2	营业成本	−		17	产品核算统计表中的成本合计
3	毛利	=		23	产品核算统计表中的毛利合计
4	综合费用			8	综合费用明细表中的合计
5	折旧前利润	=		15	行序号3数据−行序号4数据
6	折旧	−		4	盘点盘面上的折旧数据
7	支付利息前利润	=		11	行序号5数据−行序号6数据
8	财务收入/支出	+/−		1	支付借款、高利贷利息和贴息计入财务支出
9	其他收入/支出	+/−		0	其他财务收支
10	利润总额	=		10	行序号7数据+/−行序号8、9数据
11	所得税费用	−		3	行序号10数据为正数时除以3取整
12	净利润	=		7	行序号10数据−行序号11数据

表1-14　　　　　　　　　　　**简易资产负债表（以起始年为例）**　　　　　　　单位：百万元

资产	期末余额 （数据来源）		上年 年末 余额	负债和所有者权益	期末余额 （数据来源）		上年 年末 余额
流动资产：				负债：			
货币资金	+	（盘点现金库中的现金）	24	短期借款	+	（盘点短期借款）	20
应收账款	+	（盘点应收账款）	14	应付账款	+	（盘点应付账款）	0
在制品	+	（盘点线上在制品）	6	应交税费	+	（根据本年度简易利润表中的所得税费用填列）	3
成品	+	（盘点库中成品）	6	一年内到期的非流动负债	+	（盘点一年内到期的长期借款）	0
原料	+	（盘点原料库中原料）	2	长期借款	+	（除一年内到期的长期借款）	0
流动资产合计	=	（以上5项之和）	52	负债合计	=	（以上5项之和）	23
非流动资产：				所有者权益：			
土地及厂房	+	（厂房价值之和）	40	实收资本	+	（不增资的情况下为70）	70
生产设施	+	（设备净值之和）	12	利润留存	+	（上一年利润留存+上一年度净利润）	4
在建工程	+	（在建设备价值之和）	0	年度净利润	+	（简易利润表中的净利润）	7
非流动资产合计	=	（以上3项之和）	52	所有者权益合计	=	（以上3项之和）	81
资产总计	=	（流动资产+非流动资产）	104	负债和所有者权益总计	=	（负债+所有者权益）	104

1.7　关于商业情报

谁掌握情报，谁就能在激烈的市场竞争中处于主动地位，谁就能赢得时间、市场和利润。

商业情报的来源主要有两大类，即一手情报和二手情报。一手情报主要通过亲自调查获得；二手情报主要通过中间环节获得，如新闻报道、研究报告等。

在本实训中，有关产品需求的预测来源于二手情报，即一家权威机构对该行业发展前景的预测报告，而有关竞争对手的情报要靠各企业自己调查。

1.7.1　读懂市场预测

在本实训中，市场预测是各企业能够得到的关于产品市场需求的唯一可参考的信息，对市场预测的分析直接关系到企业营销方案的制订。市场预测资料的内容包括各产品在不同市场的销量预测、单价预测等（见本篇"1.8　市场预测报告"）。

1.7.2　竞争对手分析

营销总监或商业间谍可以通过实地调查，或在电子沙盘环境下通过系统获取竞争对手的情报。例如，竞争对手研发了哪些产品，进展如何；竞争对手开拓了哪些市场，生产能力如何；竞争对手的融资情况如何等。竞争对手分析有利于企业合理利用资源，有针对性地制定战略与策略，开展竞争与合作。

1.8　市场预测报告

1.8.1　市场预测

以下是一家权威市场调研机构对未来7年里各个市场需求的预测，应该说，这一预测具有很高的可信度，但是根据这一预测进行企业的经营运作，其后果将由各企业自行承担。

Beryl是目前市场上主流技术的产品，Crystal是对Beryl进行技术改良后得到的产品，也比较容易获得大众的认同。Ruby和Sapphire作为P系列的高端技术产品，各个市场对其认同度不尽相同，需求量与价格也会有较大的差异。

未来各产品的销售情况预测如图1-11所示。

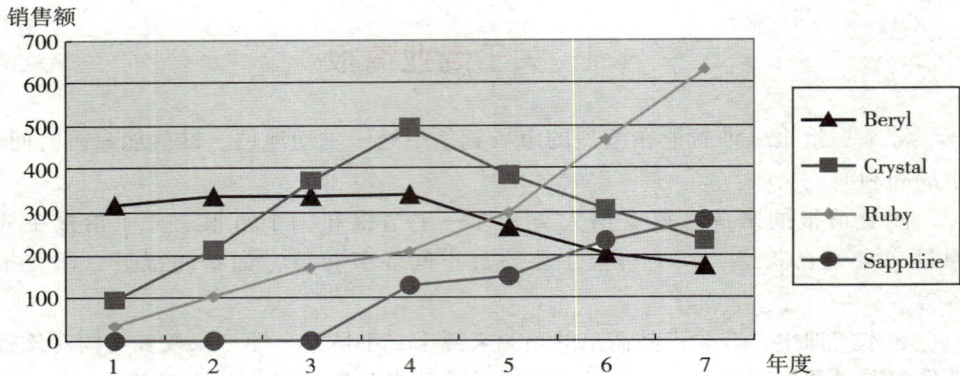

图1-11　未来各产品的销售情况预测

　　根据企业的实际情况，可以比较准确地预测第一至三年的销售情况，但由于市场存在很大的不确定性，因此第四至七年的销售情况预测只能作为参考。

　　各类市场不同产品的销量和单价预测见表1-15及图1-12至图1-21。

表1-15　　　　　　　　　各类市场不同产品的销量和单价预测

市场	销量预测	单价预测
本地	Beryl是成熟产品，未来3年内本地市场对它的需求量较大，但随着时间的推移，对它的需求量可能迅速下降；对Crystal的需求量呈上升趋势，第五年后有所下降。不管哪种产品，未来可能都要求企业具有ISO认证	Beryl的单价逐年下滑，利润空间越来越小；随着产品的完善，Ruby和Sapphire的单价会逐步提高
区域	相对于本地市场来讲，区域市场容量不大，对供应商资质的要求较严格，可能只允许具有ISO认证的供应商接单（包括9K和14K）	由于对供应商资质的要求较严格，因此竞争的激烈程度较低，单价普遍比本地市场略高
国内	对Beryl、Crystal的需求量逐年上升，第四年达到顶峰，之后开始下滑；对Ruby、Sapphire的需求量预计呈上升趋势。同时，可能要求供应商具有ISO认证	Beryl、Crystal的单价逐年上升，第四年达到顶峰，之后开始下滑；Ruby、Sapphire的单价总体上看呈上升趋势
亚洲	几乎所有产品都供不应求	Beryl的单价没有竞争力
国际	对Beryl的需求量非常大，对其他产品的需求量不甚明朗	受各种因素影响，价格变动风险大

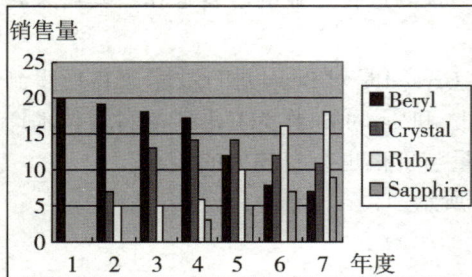

图1-12　本地市场销量预测

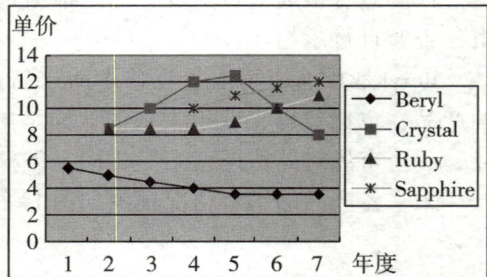

图1-13　本地市场单价预测

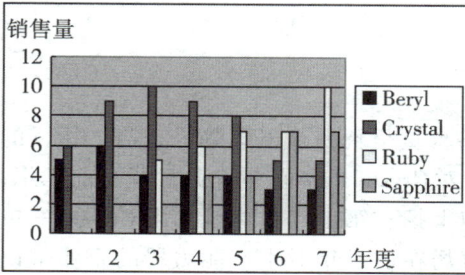

图 1-14　区域市场销量预测

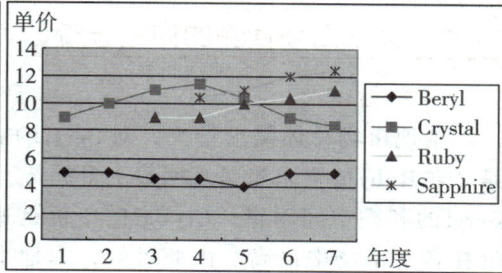

图 1-15　区域市场单价预测

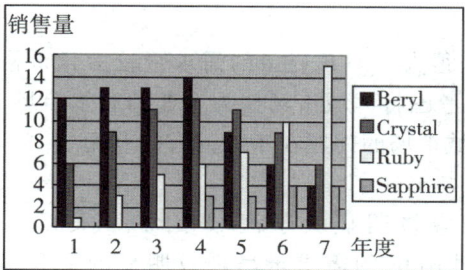

图 1-16　国内市场销量预测

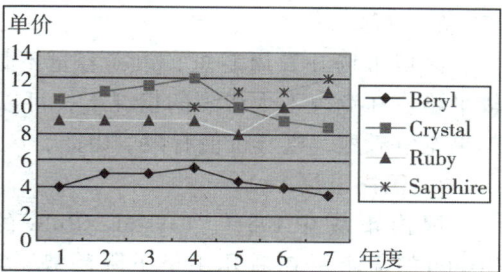

图 1-17　国内市场单价预测

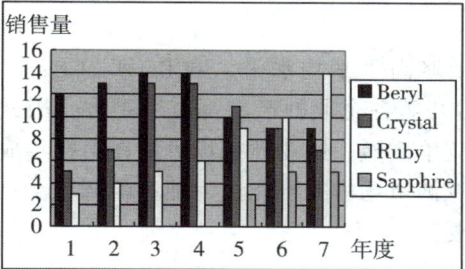

图 1-18　亚洲市场销量预测

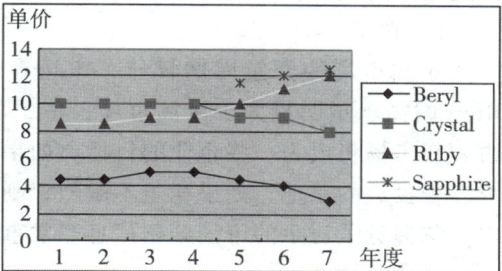

图 1-19　亚洲市场单价预测

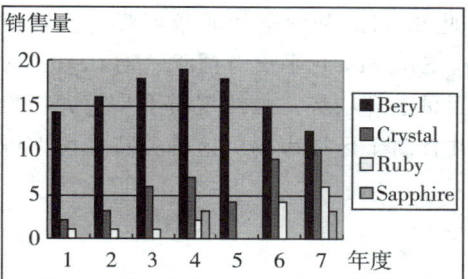

图 1-20　国际市场销量预测

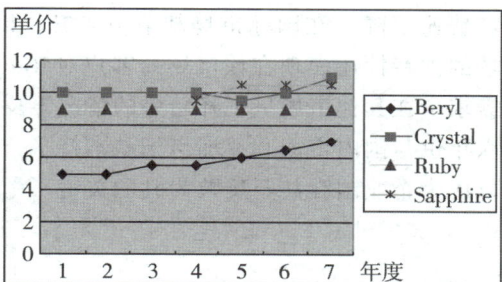

图 1-21　国际市场单价预测

1.8.2　关于市场预测的简略分析

1）本地市场

本地市场总体需求量大，对 Beryl 的需求量呈现明显下降趋势，与之相反的是，对 Ruby 的需求量呈现明显上升趋势，对 Crystal 的需求量先升后降。前三年，Beryl 的利润空间不错，Crystal 的单价迅速上扬；第五年，本地市场 Crystal 的单价在各个市场中最高。由此可知，本地市场在前三年对生产能力弱的企业来说是一个不错的生存市场，第三年以后则可以成为扩大再生产及开发新市场的有力后盾。

2）区域市场

区域市场开发周期短，市场容量不是很大，对 Crystal 的需求量较大且价格较平稳。在竞争不太激烈的情况下，可以考虑将区域市场作为企业的利基市场。如果竞争激烈，则其价值有限。因此，区域市场的问题在于如何有效利用。

3）国内市场

国内市场中 Beryl、Crystal、Ruby 的容量明显大于区域市场，对 Beryl、Crystal 的需求量在后几年呈下降趋势，对 Ruby 的需求量呈现较明显的上升趋势，对 Sapphire 的需求量不大。由于该市场的开发周期与产品的研发周期接近，因此很可能成为各企业争夺的焦点。

4）亚洲市场

亚洲市场的开发周期较长，市场容量略高于平均水平，对 Beryl、Crystal、Ruby 的需求量明显大于区域市场。由于后几年各企业的产能都有所扩大，因此占领新市场将成为一些企业的目标。如果竞争激烈，则亚洲市场可能在第四年成为广告投放的重地；如果竞争不激烈，则亚洲市场极有可能成为独家的舞台。总之，掌握竞争对手的市场开拓信息非常重要。

5）国际市场

这是一个非常独特的市场，其独特性并不在于其开发周期最长，而在于从所有年份来看，该市场对 Beryl 的需求都非常旺盛。同时，Beryl 的单价在其他各市场普遍下降，在国际市场却节节攀升，因此 Beryl 的利润空间非常可观。国际市场的独特性还表现在该市场的客户对 Ruby、Sapphire 几乎没有需求；对 Crystal 的需求量在其他市场呈下降趋势的情况下反而呈上升趋势，虽然规模不是很大，第六年也与国内市场和亚洲市场基本持平，并且高于区域市场。这种独特性也许可以成为企业制胜甚至反败为胜的关键。

团结就是力量！

第二篇
操作篇

思路决定出路，格局决定结局。

企业为什么需要战略？根本原因是资源有限。

战略无好坏，只有适合和不适合；适合自己的战略就是最好的战略。

课程思政目标：基于社会主义核心价值观，运用马克思主义哲学思想，理论联系实际，解决企业经营沙盘模拟实训中的各种问题。

2.0　开篇语

也许你已经迫不及待地想动手操作，且慢！在进行模拟企业经营的实际操作前，你和你的团队必须解决以下 3 个问题：一是彻底弄懂"导入篇"所讲的市场规则和运营规则，这是企业有效运营的基础；二是基于"导入篇"提供的市场预测，制定企业的发展战略，明确企业的发展方向和目标，这是取胜的关键；三是严肃组织纪律，使各个角色都能在首席执行官的统一指挥下，严格按照企业流程各司其职、协调运作，这是成功的保障。

2.0.1　关于规则

了解规则并用好规则，是顺利、有效经营模拟企业的基础。规则并不是只有首席执行官掌握就行，其实每个人都应该熟练掌握，尤其要掌握自己所负责业务部分的规则。

对于规则，要彻底弄懂，而不是似懂非懂。在实训过程中，我们发现容易误解的规则主要有：市场老大的地位与广告和选单的关系；新生产线的折旧与维护费；贷款的更新与利息；新产品上市与投放广告的顺序；不同产品的成本核算等。此外，原料订货与采购是比较简单的部分，可是还有很多人搞错，要么搞不清订货与采购的关系，要么订货、采购太早导致原料积压在库里迟迟不能用。

在实际操作中，不同角色用表的填法不同：

（1）首席执行官用表，主要是控制企业按流程运营，在完成每项工作后打"√"即可。

（2）财务总监用表，主要填写现金流入、流出的数字，不涉及现金流入、流出的项目不填写数字，打"√"或"×"即可；在简易资产负债表中，"成品"和"在制品"分别填写成品和在制品的金额，而不是个数。

（3）营销总监用表，填写成品的数量等。

（4）生产总监用表，填写在制品的数量等。

（5）采购总监用表，填写原料订货和采购的数量等。

（6）首席运营官用表与首席执行官用表相同，主要监督企业按流程运营，在团队成员完成每项工作后打"√"。

（7）专门的情报人员使用营销总监用表。

还有一点要特别说明，那就是应严格按照模拟企业运营流程一步步操作，不要跳跃进行。短期借款每个季度初都能贷，而长期借款只有年末才能贷。到年末时就要决定是否需要增加长期借款，而不是等到结完账甚至下一年已经开始运行时才决定。

判断胜负，不但要看企业当前的所有者权益，而且要看企业的发展潜力。切记！

2.0.2　关于战略选择

企业的经营过程犹如船在波涛汹涌的大海中航行，船要驶向希望的彼岸，离不开罗盘和舵柄。企业要在瞬息万变的竞争环境中获得生存和发展，也离不开企业战略的指引。我们在制定发展战略时，一定要注意控制发展速度。我们并不提倡墨守成规、停滞不前，而是要确保发展速度与企业权益的发展相平衡，这也是管理的精髓之一，即"适度"。

一些实训团队在制定企业发展战略时，豪情万丈、气吞山河，大有扫平天下之势：一上来就拼命铺设全自动生产线和柔性生产线，研发全系列产品，开发全部市场，将资金用到了极限。结果是投入了巨额的财务费用、研发费用、市场开拓费用，再加上生产线折旧等，企业权益迅速下降甚至为负或出现现金断流，不得不含泪宣告破产。

因此，各团队在制定企业战略时，一定不要脱离企业的实际，要懂得量力而行，当然也不能过于保守。由于资源有限，企业在一定时期内只能做有限的事，正确的做法是明确目标，具体到实训中就是要回答以下几个问题：

问题1：我们想成为什么样的企业？

规模方面，是大企业还是小企业？生产产品方面，是多品种还是少品种？市场开拓方面，是许多市场还是少量市场？市场地位方面，是努力成为市场领导者还是甘当追随者？

例如，C公司拟采取"全部市场+有限产品"的策略，所以第一年只在本地市场投了 2M 广告费，销售了部分 P1 产品。第二年，C 公司仍然只生产 P1 产品，并用较低的广告费售出了一部分 P1 产品。C 公司第一时间开发了所有市场，却并没有开发新产品。正当人们认为其发展滞后时，C 公司在第三年初跳过 P2、P3 产品，直接开发了 P4 产品，并建了 1 条 P1 产品的全自动生产线，保留了 1 条 P1 产品的半自动生产线；在第三年 4Q 变卖了手工生产线，开始投资建设 4 条 P4 产品的全自动生产线；在第四年 2Q 与 P4 产品的研发同步完成，同年 3Q 开始生产 P4 产品。从第四年开始，由于独家生产 P4 产品，C 公司包揽了 P4 产品市场。第五年，由于有 4 条全自动生产线全力生产 P4 产品，C 公司在本地、区域、国内和亚洲 4 个有 P4 产品需求的市场上均以 3M 广告费实现了重复选单，C 公司的 P4 产品席卷了各个市场。同时，C 公司将 P1 产品向国际市场转移，依靠 P1 产品的储备和保留的产能，在国际市场上实现了 P1 产品的多次选单，夺得了国际市场老大地位。第六年，C 公司的发展更是锦上添花。由于国际市场 P1 产品的利润率很高，其他各市场 P4 产品的利润率也很可观，因此 C 公司的权益大幅攀升。最终，C 公司用 3 年的时间实现了大逆转，赢得了竞赛。

问题 2：我们倾向何种产品和市场？

由于资源有限，在很多情况下，放弃比不计代价地攫取更明智。你不可能全面开花、面面俱到，应选取你的重点市场和重点产品。

例如，A 公司第一年在本地市场投放了 8M 广告费，夺得了市场老大的地位，早早确立了自己的"主战场"。由于本地市场是综合需求量最大的一个市场，因此 A 公司在随后的发展过程中变卖了手工生产线，在大厂房里新置了 5 条全自动生产线，开发了 P2、P3 产品，跳过区域市场，又开发了国内和亚洲市场，实现了产能与市场之间的平衡，持续稳健发展。在企业融资和广告费等方面节约了大量成本，健康发展到第六年，最终取得了第一的成绩。

又如，F 公司第一年以 5M 的平均广告费投入获得了平均销量。第二年研发了 P2 产品，投资了 2 条 P2 产品全自动生产线，并开发了全部市场。第三年开发了 P3 产品，变卖了 2 条手工生产线，新建了 2 条 P3 产品全自动生产线。第四年开始大规模销售 P2、P3 产品，并取得了亚洲市场老大地位。然而，此时各公司均大量生产 P2、P3 产品，市场趋于饱和，广告费竞争也非常激烈，于是 F 公司在这一年决定开辟蓝海——研发 P4 产品。F 公司从第五年开始低成本销售 P4 产品，同时放弃了一些利润率低的产品市场。经营结束，F 公司凭借这种灵活转变的策略，取得了竞赛的胜利。

放弃也是一种美，有时放弃比占有更重要。

打完"江山"后，我们自然会想到保"江山"。这句话本身无可厚非，但值得我们注意的是，我们要保有价值的"江山"。对于那些竞争激烈、利润空间小的市场要敢于放弃，依据自己的产品组合和竞争状况寻找新的市场，不断地"丢芝麻，捡西瓜"。

问题3：我们计划怎样拓展生产设施和生产能力？

生产线是产品加工的载体。本沙盘包括手工线、半自动线、全自动线和柔性线4种生产线，不同生产线的购置价格、生产效率、折旧费用以及转产的灵活性都不相同。因此，生产总监应会同财务总监、营销总监以及首席执行官，依据本企业的经营战略和财务状况，选择恰当的时机投资恰当的生产线。

具体来说，为了有效扩大生产能力，需要思考并回答：应该购置什么样的生产线？什么时候购置和购置多少？为此，我们需要考虑以下几方面因素：

（1）生产线安装周期。如果计划在第二年1Q生产Beryl，则应在第一年1Q开始投资建设柔性生产线，或在第一年3Q开始投资建设半自动生产线。

（2）产品研发周期。例如，Ruby的研发周期需要6Q，为避免生产线闲置，可将Ruby的柔性生产线调整到第一年3Q开始投资，则生产线安装和产品研发在第二年2Q同时完成，第二年3Q开始生产。

（3）生产线的折旧。生产线的折旧会影响企业的权益，而权益又决定了企业融资规模的大小和是否破产等。因此，生产线的折旧直接影响了企业的财务状况。由于当年建成的生产线当年不计提折旧，因此应考虑生产线的建成时机，尽量增加新生产线建成当年的使用时间，特别是在资金紧张的情况下。

（4）生产线组合。生产线组合需要考虑产品研发的种类及市场开拓情况。一般来讲，如果采取积极扩张的战略，则可考虑采用全自动生产线和柔性生产线；如果采取稳健发展的策略，则可考虑采用半自动生产线和全自动生产线，并控制生产线的数量。

在实际操作中，柔性生产线是一把"双刃剑"，它的优点在于可以灵活、快速地调整产品组合，方便营销总监接取订单。它的缺点也显而易见，即投资成本较高，并且它的存在对于原料采购、生产组织等也会产生一定的影响。因此，生产线组合及安装的前提是制定合理、详细的发展战略，在此框架的指导下，做好企业的现金预算分析，这样才能保证生产线选择的合理性。

此外，还要编制生产计划和投资计划。生产总监要与首席执行官、营销总监确定当年销售产品的重点，在营销总监投广告前制订出生产安排计划，向营销总监告知本年企业可能生产的产品种类及数量。营销总监拿到当年销售订单后，结合订单情况和企业资金情况重新修正确定当年的生产计划、生产线投资计划等。

假如生产P1产品和P2产品，则产品生产及设备投资计划见表2-1。

表 2-1　　　　　　　　　　　**产品生产及设备投资计划**　　　　　　金额单位：百万元

生产线		第一年				第二年				第三年			
		第一季度	第二季度	第三季度	第四季度	第一季度	第二季度	第三季度	第四季度	第一季度	第二季度	第三季度	第四季度
1 手工线	产品生产					P1			P1			P2	
	设备投资	5											
2 半自动线	产品生产					P1		P1		P1		P1	
	设备投资	5	5										
3 全自动线	产品生产					P2	P2	P2	P2	P2	P2	P2	
	设备投资		5	5	5								
4 柔性线	产品生产					P2	P2	P2	P1	P1	P2	P2	
	设备投资	5	5	5	5								
合计	完工产品					2P1	2P2	1P1+2P2	1P1+2P2	2P1+1P2	1P1+1P2	1P1+3P2	2P2
	设备投资	15	15	10	10								

不同生产线的产能计算公式如下：

当年某产品可接订单量=期初库存+本年产量

表 2-2 为不同生产线产能计算表。

表 2-2　　　　　　　　　　　**不同生产线产能计算表**

生产线类型	在制品状态	各季度完成的生产 1　2　3　4	年生产能力
手工线	○　○　○	□　□　□　■	1
	●　○　○	□　□　■　□	1
	○　●　○	□　■　□　□	1
	○　○　●	■　□　□　□	2
半自动线	○　○	□　□　■　□	1
	●　○	□　■　□　■	2
	○　●	■　□　■　□	2
全自动线/柔性线	○	□　■　■　■	3
	●	■　■　■　■	4

注："●"表示在制品处于生产线生产周期的位置；"○"表示年初生产线上的在制品已经经过或尚未经过的生产过程；"■"表示生产线有完工产品的时期；"□"表示生产线无完工产品的时期。

　　尽量使生产线折旧与其能给企业带来的利润相匹配，使生产线在有限的使用期内发挥最大的效能。由于生产线建成当年不计提折旧，第二年才计提折旧，因此我们应在生产线建设与产品研发配套的基础上，尽量使生产线在建成当年产生最大的价值，即尽量获得高额的投资回报，这样可以最大限度增加企业建设生产线当年的收益，缓解生产线投资给企业带来的资金压力。

问题4：我们计划采用怎样的融资策略？

现金流是企业生存的命脉，现金断流意味着企业将破产。融资的方式有很多，如长期借款、短期借款、资金贴现、出售厂房和设备，以及高利贷等，但高利贷方式应尽量避免使用。每种融资方式的特点和适用性都不同，我们应根据企业的发展规划，做好融资计划，从而保证企业的正常运转，切不可因小利而影响到整个规划的实施。

值得注意的是，融资手段不应过于单一，应采用多种融资手段并进行最佳组合。巧妙处理各种融资手段之间的关系，以最低的成本获取最适量的资金，是财务总监的重要职责。一般而言，长期借款的成本高于短期借款，但还款压力较小；短期借款的成本较低，但还款压力较大，尤其是在前期，企业的权益可能会大幅度下降，进而影响企业的贷款能力。因此，我们要对企业的经营战略、运营状况做一个长期的、细致的分析，这样才能准确把握贷款时机并合理确定长、短期借款之间的比例关系，在满足现金需求的情况下，将总贷款成本降到最低。

资金贴现是企业为缓解暂时性资金紧张而采取的融资方式，但其前提是要有应收账款。在实际操作中，应注意贴现的比例。一般来讲，我们应首先考虑贴现账期较长的应收账款。

高利贷是成本最高的一种融资方式，对企业权益的影响较大，会使企业的财务状况进一步恶化。因此，我们一般不提倡使用高利贷，应尽量考虑其他融资手段。只有在迫不得已的情况下，才考虑此种融资手段。

在实际操作前，每个团队都应对上述问题进行深入探讨并达成共识。每一年经营下来，都需要反思自己的经营行为，聆听指导教师根据现场数据做出的点评，分析实际与计划的偏差及偏差产生的原因，进而对战略做出必要的修正。

2.0.3　关于团队协作

本次实训虽然是模拟企业7年的经营，但在盘面上运作只有短短3天的时间。尽量缩短磨合时间，立即进入角色，并在首席执行官的统一指挥下各司其职、协调有效地运作，对一个临时组成的团队来说非常重要。因此，受训者既要积极向前，又要听从指挥；既要勇挑重担，又不能厚此薄彼；既要各抒己见，又要彼此尊重。这样才能既发挥团队成员的作用，又不会使团队成员互不服气、各行其是，影响企业的经营运作。

在实训中，经常有企业不能平账。出现这种情况，有时是因为财务总监不会做账，但多数时候是因为各角色没有严格按照企业运营流程去操作。甚至有人拿着沙盘用具玩，从而使得账实不符。此外，营销总监与生产总监沟通不够，要么出现大量库存，要么接了订单却生产不出产品，也会导致账目混乱。

另外一个值得注意的问题就是不能搞一团和气。例如，一个企业3年都不能平账，也不更换财务总监，这不仅严重影响了企业的运营，而且影响了竞赛的进程。这不是真正的团结，更谈不上团队协作。让合适的人做合适的事，这是基本的准则。

请认真思考以下有关发展战略的问题并记录结果（由首席执行官带领管理团队共同决定）：

（1）我们想成为什么样的企业？企业的经营目标和宗旨是什么？（包括文字描述及具体数字，如销售收入目标、利润目标等）

_____

_____

_____

_____

_____

_____

_____

_____

_____

_____

_____

_____

_____

（2）我们倾向于何种产品、何种市场？准备何时实现？填写表2-3。

表2-3　　　　　　　　　　　产品与市场开发计划

产品	本地	区域	国内	亚洲	国际
Beryl	现在的位置				
Crystal					
Ruby					
Sapphire					

（3）我们想实现多大的产能？建什么样的生产线？准备何时实现？填写表2-4。

表2-4　　　　　　　　　　　生产线购置计划

生产线	目前	第一年	第二年	第三年	第四年	第五年	第六年	第七年
手工线	3条							
半自动线	1条							
全自动线								
柔性线								

（4）我们想什么时候融资？融什么资？融多少资？填写表2-5。

表2-5　　　　　　　　　　　　　　　融资计划

融资手段	目前	第一年	第二年	第三年	第四年	第五年	第六年	第七年
长期借款								
短期借款	20M							

注意：高利贷是迫不得已的选择，原则上不建议采用。资金贴现应根据企业的实际财务状况和应收账款情况而定，很难预先设定。

各角色应根据上述战略规划，思索如何有效贯彻执行，并确定执行细节。

每个成员都要认真阅读并思考以下相关角色的提示：

（1）首席执行官要重点关注整体战略是否有偏差，并适时带领团队成员做出必要的调整；同时，控制企业严格按照流程完成各项工作。首席执行官助理协助首席执行官工作，受首席执行官委托可以具体负责某些工作。

（2）首席运营官（如设）要监督企业按流程运营，或受首席执行官委托控制企业按流程完成各项工作，以使首席执行官腾出时间，集中精力研究企业发展战略问题。

（3）财务总监要重点考虑现金流问题，既要保证企业发展战略实施所需资金的充足供应，又要避免资金闲置，造成浪费。因此，财务总监要认真制订具体的融资计划和资金使用计划，同时组织做好财务收支、记账、生产线折旧、设备维护费提取等工作。财务总监助理或主管会计在财务总监的领导下具体做好现金收支、记账和财务报表编制等工作。

（4）营销总监要根据企业战略，在与生产总监协调的基础上，制订具体的营销计划，包括生产和销售什么产品、生产和销售多少产品、通过什么渠道销售、计划在什么地区销售、各地区的销售比例如何、是否考虑促销活动等。营销总监要重点考虑广告投放和争取订单的问题，同时组织做好市场开拓投资、ISO认证投资、产品交货收款、市场信息收集等工作。营销总监助理协助营销总监工作。

（5）生产总监要根据企业发展战略的整体要求，在与营销总监、财务总监沟通的基础上，制订具体的产品开发计划、生产计划、设备投资与改造计划，确定新产品的研发进程、新设备用于生产何种产品、设备安装地点、所需资金来源、设备上线的具体时间、所需物料储备，以及生产什么、生产多少和何时生产等。生产总监助理协助生产总监工作，受生产总监委托可以具体负责某些工作，如执行具体生产任务等。

（6）采购总监要与生产总监密切配合，根据生产计划的要求，确定采购什么、采购多少与何时采购，保证按时、足量供应生产所需的原料，努力做到既不出现物料短缺，也不出现库存积压。采购总监助理协助采购总监具体执行采购任务。

（7）人力资源总监在首席执行官的领导下，执行考核团队成员的任务。因此，人力资源总监首先要清楚每个角色的任务，然后确定考核的指标与方法，做好考核记录，最后提交首席执行官做出最终决定。

（8）商业情报人员（如设）在营销总监的领导下，做好商业情报收集工作，同时参与营销决策。因此，商业情报人员要掌握竞赛规则，清楚本企业的情况，明确需要收集哪些情报等。

确认我的角色：

我的角色是：＿＿＿＿＿＿＿＿＿＿＿＿＿＿＿＿＿＿＿＿＿＿＿＿＿＿

我的就职宣言：

＿＿＿＿＿＿＿＿＿＿＿＿＿＿＿＿＿＿＿＿＿＿＿＿＿＿＿＿＿＿＿＿＿
＿＿＿＿＿＿＿＿＿＿＿＿＿＿＿＿＿＿＿＿＿＿＿＿＿＿＿＿＿＿＿＿＿
＿＿＿＿＿＿＿＿＿＿＿＿＿＿＿＿＿＿＿＿＿＿＿＿＿＿＿＿＿＿＿＿＿
＿＿＿＿＿＿＿＿＿＿＿＿＿＿＿＿＿＿＿＿＿＿＿＿＿＿＿＿＿＿＿＿＿
＿＿＿＿＿＿＿＿＿＿＿＿＿＿＿＿＿＿＿＿＿＿＿＿＿＿＿＿＿＿＿＿＿
＿＿＿＿＿＿＿＿＿＿＿＿＿＿＿＿＿＿＿＿＿＿＿＿＿＿＿＿＿＿＿＿＿
＿＿＿＿＿＿＿＿＿＿＿＿＿＿＿＿＿＿＿＿＿＿＿＿＿＿＿＿＿＿＿＿＿

开展我的工作（确定执行计划与执行细节）：

（不够可另附页）

＿＿＿＿＿＿＿＿＿＿＿＿＿＿＿＿＿＿＿＿＿＿＿＿＿＿＿＿＿＿＿＿＿
＿＿＿＿＿＿＿＿＿＿＿＿＿＿＿＿＿＿＿＿＿＿＿＿＿＿＿＿＿＿＿＿＿
＿＿＿＿＿＿＿＿＿＿＿＿＿＿＿＿＿＿＿＿＿＿＿＿＿＿＿＿＿＿＿＿＿
＿＿＿＿＿＿＿＿＿＿＿＿＿＿＿＿＿＿＿＿＿＿＿＿＿＿＿＿＿＿＿＿＿
＿＿＿＿＿＿＿＿＿＿＿＿＿＿＿＿＿＿＿＿＿＿＿＿＿＿＿＿＿＿＿＿＿
＿＿＿＿＿＿＿＿＿＿＿＿＿＿＿＿＿＿＿＿＿＿＿＿＿＿＿＿＿＿＿＿＿
＿＿＿＿＿＿＿＿＿＿＿＿＿＿＿＿＿＿＿＿＿＿＿＿＿＿＿＿＿＿＿＿＿

2.1　起始年运营

　　企业选定新管理团队之后，原管理团队总要"扶上马，送一程"。因此，在起始年，新管理团队仍受制于原管理团队，企业决策仍由原管理团队决定，新管理团队只能执行。新管理团队的主要目标是与原管理团队进行磨合，进一步熟悉并掌握规则，明晰企业的运营流程。起始年运营在指导教师的控制下进行。

　　以财务用表为例，模拟企业每年的运营流程见表2-6。各团队应跟随指导教师的指令逐步运行，在相关表格中做记录，并在沙盘盘面做相应操作。

表2-6　　　　　　　　模拟企业运营流程表（财务用表）　　　　金额单位：百万元

新年度规划会议				
参加订货会/登记销售订单				
制订新年度计划				
支付应交税费				
季初现金盘点				
更新短期借款/还本付息/申请短期借款（高利贷）				
更新应付款/归还应付款				
原料入库/更新原料订单				
下原料订单				
更新生产/完工入库				
投资新生产线/变卖生产线/生产线转产				
向其他企业购买原料/出售原料				
开始下一批生产				
更新应收款/应收款收现				
出售厂房				
向其他企业购买成品/出售成品				
按订单交货				
产品研发投资				
支付行政管理费				
其他现金收支情况登记				
支付租金/购买厂房				
支付利息/更新长期借款/申请长期借款				
支付设备维护费				
计提折旧				
新市场开拓/ISO认证投资				
现金收入合计				
现金支出合计				
期末现金对账				
结账				

销售会议完成后，登记相应表单，填写订单登记表（见表2-7）。

表2-7　　　　　　　　　　　　　　　　订单登记表　　　　　　　　金额单位：百万元

订单号	×××							合计
市场	本地							
产品	Beryl							
数量	6							
账期	1Q							
交货期	Q3							
销售额								
成本								
毛利								
未售								

填写产品核算统计表（见表2-8）。

表2-8　　　　　　　　　　　　　　　　产品核算统计表　　　　　　　金额单位：百万元

项目	Beryl	Crystal	Ruby	Sapphire	合计
数量	6	0	0	0	6
销售额	40	0	0	0	40
成本	17	0	0	0	17
毛利	23	0	0	0	23

填写综合费用明细表（见表2-9）。

表2-9　　　　　　　　　　　**综合费用明细表**　　　　　　　金额单位：百万元

项目	金额	备注
行政管理费	4	
广告费	1	
设备维护费	3	
租金		
转产费		
市场开拓投资		□本地　□区域　□国内　□亚洲　□国际
ISO认证投资		□ISO 9000　　　□ISO 14000
产品研发投资		Crystal(　)　Ruby(　)　Sapphire(　)
其他		
合计	8	

编制起始年财务报表，包括简易利润表（见表2-10）和简易资产负债表（见表2-11）。

表2-10　　　　　　　　　　　**简易利润表**　　　　　　　　单位：百万元

项目		本期金额	上期金额
营业收入	+		40
营业成本	−		17
毛利	=		23
综合费用	−		8
折旧前利润	=		15
折旧	−		4
支付利息前利润	=		11
财务收入/支出	+/−		1
其他收入/支出	+/−		0
利润总额	=		10
所得税费用	−		3
净利润	=		7

表 2-11   简易资产负债表   单位：百万元

资产		期末余额	上年年末余额	负债和所有者权益		期末余额	上年年末余额
流动资产：				负债：			
货币资金	+		24	短期借款	+		20
应收账款	+		14	应付账款	+		0
在制品	+		6	应交税费	+		3
成品	+		6	一年内到期的非流动负债	+		0
原料	+		2	长期借款	+		0
流动资产合计	=		52	负债合计	=		23
非流动资产：				所有者权益：			
土地及厂房	+		40	实收资本	+		70
生产设施	+		12	利润留存	+		4
在建工程	+		0	年度净利润	+		7
非流动资产合计	=		52	所有者权益合计	=		81
资产总计	=		104	负债和所有者权益总计	=		104

2.2 典型策略与实例

《礼记·中庸》中有言："凡事豫（预）则立，不豫（预）则废。"同样，进行金蝶企业经营沙盘模拟实训前，也要有一整套策略，方能使你的团队临危不乱，在变幻莫测的比赛中笑到最后。下面介绍竞赛中的一些典型策略和典型实例供参考。

2.2.1 典型策略

典型策略1

力压群雄——霸王策略

策略介绍：

一开始就大举贷款，所筹到的大量资金用于扩大产能，保证产能第一，通过大量投放广告夺取本地市场老大地位，同时随着产品开发的节奏，实现由现有成熟产品向更高端主流产品的过渡。在竞争中，始终保持主流产品综合销售额第一。后期继续通过大量投放广告争取主流产品最高价市场的老大地位，使企业权益最高，令对手望尘莫及，从而赢得比赛。

运作要点：

运作好此策略的关键有两点：一是资本运作，有效使用长、短期融资手段，使自己有充足的资金用于扩大产能和维持高额的广告费用，并能够承受巨大的还款压力，使资金运转正常，所以此策略对财务总监的要求很高。二是精确预测产能和生产成本，有效预估市场产品需求和订单结构。如何安排产能扩大的节奏，如何实现零库存，如何进行产品组合与市场开发，这些都将决定企业经营的成败。

评述：

采取霸王策略的团队需要有相当的魄力，敢于破釜沉舟，谨小慎微者不宜采用。此策略的隐患在于，如果资金或广告在某一环节出现失误，则会使企业陷入十分艰难的处境。过大的还款压力和过高的贷款费用，可能会将企业逼上破产的境地。所以，此策略的风险很高，属于高投入、高产出，但高投入并不一定会带来高产出。

典型策略2

忍辱负重——越王策略

策略介绍：

越王策略也可称为迂回策略。采取此策略的企业通常有很大的产能潜力，但由于前期广告运作失误，因此订单过少、销售额过低、产品大量积压、权益大幅下降，处于劣势地位。所以，企业在第二年、第三年只能维持生计，延缓产品开发计划，或只进行一种新产品的开发，以积攒力量，度过危险期。在第四年，企业突然推出一种新的高端产品，并配以有效的广告策略，出其不意地攻占对手的薄弱市场。在对手忙于应付时，把这种新的高端产品的最高价市场把持在手，不给对手任何机会，最终赢得胜利。

运作要点：

此策略制胜的关键在于后期的广告运作和现金测算。因为要精准地进行广告投放，所以一定要仔细分析对手的情况，找到对手在市场中的薄弱环节，从而以最小的代价夺得市场，降低成本。同时，因为要出奇兵（某种新的高端产品），而这种产品对现金的要求很高，所以现金预测必须准确。如果到时现金断流，不能完成订单，就会前功尽弃。

评述：

越王策略不是一种主动的策略，多半是在不利的情况下采取的，所以团队成员要有很强的忍耐力与决断力，不能被眼前一时的困境吓倒，要学会将"好钢用在刀刃上"，从而节约开支，降低成本，先图生存，再图胜出。

典型策略3

见风使舵——渔翁策略

策略介绍：

渔翁策略是典型的跟随策略。当市场上有两大实力相当的企业争夺第一时，渔翁策略就派上用场了。在产能方面，要努力跟随前两者的开发节奏，同时在内部努力降低成本，在每次开辟新市场时均采用低广告投入策略，规避风险、稳健经营，在前两者两败俱伤时立即占领市场。

运作要点：

此策略制胜的关键有两点：第一，"稳"。在经营过程中，一切都要按部就班，广告投入、产能扩大都要循序渐进，真正做到稳扎稳打。第二，利用好时机。因为时机稍纵即逝，一定要仔细分析对手。

评述：

渔翁策略在比赛中是常见的，但要成功实施，必须做好充分准备，这样才能在机会来临时一下抓住，使对手无法超越。

2.2.2 典型实例

典型实例1

产能领先制胜法

想产能领先别人，就要扩大生产能力，投资新的生产线。为了缩短生产周期，就要变卖原有的手工生产线，转而投资全自动或柔性生产线。

B公司在第一年上线的P1产品完工入库后陆续变卖了3条手工生产线，在大厂房内投资建设了4条全自动生产线，而其他公司第一年在生产线的投资上显得有些保守。因此，B公司在第二年便建立了产能优势，并利用产能抢市场，投少的广告费接别人因产能不足而不敢接的大单，再建新的生产线，如此便形成了良性循环。第三年，B公司在大厂房又建了1条全自动生产线，并租下小厂房投建了4条全自动生产线。到第四年，B公司形成了9条全自动生产线的产能格局。最终，B公司依靠产能优势取得了胜利。

典型实例2

保权益胜出法

E公司在前两年默默无闻，只投了少量的广告费以销售必要的P1产品，没有发展的迹象，但维持了很高的权益。就在人们为其发展前景担忧时，E公司却在第三年，当别的公司出现权益严重下降、融资困难、陷入发展瓶颈时，利用自己的权益优势获得了大量的短期融资，开发了P2、P3、P4产品，变卖了原有的生产线，并投资建成了6条全自动生产线。第四年，当别的公司步履维艰时，E公司一举收复失地。第五年，E公司更是锦上添花，利用产品组合优势扩大产能，直至第六年胜出。

典型实例3

柔性调节胜出法

　　柔性生产线由于其投资费用和折旧费用均较高而不被"行家"看好，但D公司一上来就斥巨资投建了4条柔性生产线，并把这4条柔性生产线打造成了自己的核心竞争力，灵活调节生产，灵活广告投放和接单，使自己在各方面都有了更多的余地，既迷惑了对手，也节省了广告费，即用非常少的广告费接到了非常合适的订单，因为有些大单对手生产不出来，所以不敢接。最终，D公司赢得了比赛。需要注意的是，此法对生产组织的要求较高，极易出现原料短缺或积压的情况。

　　"条条大路通罗马。"我们要用开阔的视野审视战略，用创新的头脑制定战略，用严谨的态度执行战略，最后成功自然水到渠成。

2.3　企业经营过程控制/监督表（首席执行官/首席运营官）

操　作　记　录

企业经营过程控制/监督表

_____公司首席执行官（CEO）/首席运营官（COO）

起 始 年

企业经营流程 请按顺序执行下列各项操作	指导教师代替CEO控制团队成员运营起始年，CEO/COO 在团队成员完成每一项操作后，在相应的方格内打"√"			
新年度规划会议				
参加订货会/登记销售订单				
制订新年度计划				
支付应交税费				
季初现金盘点（请填余额）				
更新短期借款/还本付息/申请短期借款（高利贷）				
更新应付款/归还应付款				
原料入库/更新原料订单				
下原料订单				
更新生产/完工入库				
投资新生产线/变卖生产线/生产线转产				
向其他企业购买原料/出售原料				
开始下一批生产				
更新应收款/应收款收现				
出售厂房				
向其他企业购买成品/出售成品				
按订单交货				
产品研发投资				
支付行政管理费				
其他现金收支情况登记				
支付租金/购买厂房				
支付利息/更新长期借款/申请长期借款				
支付设备维护费				
计提折旧				（ ）
新市场开拓/ISO认证投资				
现金收入合计				
现金支出合计				
期末现金对账（请填余额）				
结账				

第 一 年

企业经营流程 请按顺序执行下列各项操作	CEO控制团队成员具体执行每一项操作，并在团队成员完成每一项操作后，在相应的方格内打"√"，COO监督执行		
新年度规划会议			
参加订货会/登记销售订单			
制订新年度计划			
支付应交税费			
季初现金盘点（请填余额）			
更新短期借款/还本付息/申请短期借款（高利贷）			
更新应付款/归还应付款			
原料入库/更新原料订单			
下原料订单			
更新生产/完工入库			
投资新生产线/变卖生产线/生产线转产			
向其他企业购买原料/出售原料			
开始下一批生产			
更新应收款/应收款收现			
出售厂房			
向其他企业购买成品/出售成品			
按订单交货			
产品研发投资			
支付行政管理费			
其他现金收支情况登记			
支付租金/购买厂房			
支付利息/更新长期借款/申请长期借款			
支付设备维护费			
计提折旧			（ ）
新市场开拓/ISO认证投资			
现金收入合计			
现金支出合计			
期末现金对账（请填余额）			
结账			

第 二 年

企业经营流程 请按顺序执行下列各项操作	CEO控制团队成员具体执行每一项操作，并在团队成员完成每一项操作后，在相应的方格内打"√"，COO监督执行			
新年度规划会议				
参加订货会/登记销售订单				
制订新年度计划				
支付应交税费				
季初现金盘点（请填余额）				
更新短期借款/还本付息/申请短期借款（高利贷）				
更新应付款/归还应付款				
原料入库/更新原料订单				
下原料订单				
更新生产/完工入库				
投资新生产线/变卖生产线/生产线转产				
向其他企业购买原料/出售原料				
开始下一批生产				
更新应收款/应收款收现				
出售厂房				
向其他企业购买成品/出售成品				
按订单交货				
产品研发投资				
支付行政管理费				
其他现金收支情况登记				
支付租金/购买厂房				
支付利息/更新长期借款/申请长期借款				
支付设备维护费				
计提折旧				（ ）
新市场开拓/ISO认证投资				
现金收入合计				
现金支出合计				
期末现金对账（请填余额）				
结账				

第 三 年

企业经营流程 请按顺序执行下列各项操作	CEO控制团队成员具体执行每一项操作，并在团队成员完成每一项操作后，在相应的方格内打"√"，COO监督执行			
新年度规划会议				
参加订货会/登记销售订单				
制订新年度计划				
支付应交税费				
季初现金盘点（请填余额）				
更新短期借款/还本付息/申请短期借款（高利贷）				
更新应付款/归还应付款				
原料入库/更新原料订单				
下原料订单				
更新生产/完工入库				
投资新生产线/变卖生产线/生产线转产				
向其他企业购买原料/出售原料				
开始下一批生产				
更新应收款/应收款收现				
出售厂房				
向其他企业购买成品/出售成品				
按订单交货				
产品研发投资				
支付行政管理费				
其他现金收支情况登记				
支付租金/购买厂房				
支付利息/更新长期借款/申请长期借款				
支付设备维护费				
计提折旧				（　）
新市场开拓/ISO认证投资				
现金收入合计				
现金支出合计				
期末现金对账（请填余额）				
结账				

第 四 年

企业经营流程 请按顺序执行下列各项操作	CEO控制团队成员具体执行每一项操作，并在团队成员完成 每一项操作后，在相应的方格内打"√"，COO监督执行			
新年度规划会议				
参加订货会/登记销售订单				
制订新年度计划				
支付应交税费				
季初现金盘点（请填余额）				
更新短期借款/还本付息/申请短期借款（高利贷）				
更新应付款/归还应付款				
原料入库/更新原料订单				
下原料订单				
更新生产/完工入库				
投资新生产线/变卖生产线/生产线转产				
向其他企业购买原料/出售原料				
开始下一批生产				
更新应收款/应收款收现				
出售厂房				
向其他企业购买成品/出售成品				
按订单交货				
产品研发投资				
支付行政管理费				
其他现金收支情况登记				
支付租金/购买厂房				
支付利息/更新长期借款/申请长期借款				
支付设备维护费				
计提折旧				（ ）
新市场开拓/ISO认证投资				
现金收入合计				
现金支出合计				
期末现金对账（请填余额）				
结账				

第 五 年

企业经营流程 请按顺序执行下列各项操作	CEO控制团队成员具体执行每一项操作，并在团队成员完成每一项操作后，在相应的方格内打"√"，COO监督执行			
新年度规划会议				
参加订货会/登记销售订单				
制订新年度计划				
支付应交税费				
季初现金盘点(请填余额)				
更新短期借款/还本付息/申请短期借款(高利贷)				
更新应付款/归还应付款				
原料入库/更新原料订单				
下原料订单				
更新生产/完工入库				
投资新生产线/变卖生产线/生产线转产				
向其他企业购买原料/出售原料				
开始下一批生产				
更新应收款/应收款收现				
出售厂房				
向其他企业购买成品/出售成品				
按订单交货				
产品研发投资				
支付行政管理费				
其他现金收支情况登记				
支付租金/购买厂房				
支付利息/更新长期借款/申请长期借款				
支付设备维护费				
计提折旧				( )
新市场开拓/ISO认证投资				
现金收入合计				
现金支出合计				
期末现金对账(请填余额)				
结账				

第 六 年

企业经营流程 请按顺序执行下列各项操作	CEO控制团队成员具体执行每一项操作，并在团队成员完成每一项操作后，在相应的方格内打"√"，COO监督执行			
新年度规划会议				
参加订货会/登记销售订单				
制订新年度计划				
支付应交税费				
季初现金盘点（请填余额）				
更新短期借款/还本付息/申请短期借款（高利贷）				
更新应付款/归还应付款				
原料入库/更新原料订单				
下原料订单				
更新生产/完工入库				
投资新生产线/变卖生产线/生产线转产				
向其他企业购买原料/出售原料				
开始下一批生产				
更新应收款/应收款收现				
出售厂房				
向其他企业购买成品/出售成品				
按订单交货				
产品研发投资				
支付行政管理费				
其他现金收支情况登记				
支付租金/购买厂房				
支付利息/更新长期借款/申请长期借款				
支付设备维护费				
计提折旧				（　）
新市场开拓/ISO认证投资				
现金收入合计				
现金支出合计				
期末现金对账（请填余额）				
结账				

第 七 年

企业经营流程 请按顺序执行下列各项操作	CEO控制团队成员具体执行每一项操作，并在团队成员完成每一项操作后，在相应的方格内打"√"，COO监督执行			
新年度规划会议				
参加订货会/登记销售订单				
制订新年度计划				
支付应交税费				
季初现金盘点(请填余额)				
更新短期借款/还本付息/申请短期借款(高利贷)				
更新应付款/归还应付款				
原料入库/更新原料订单				
下原料订单				
更新生产/完工入库				
投资新生产线/变卖生产线/生产线转产				
向其他企业购买原料/出售原料				
开始下一批生产				
更新应收款/应收款收现				
出售厂房				
向其他企业购买成品/出售成品				
按订单交货				
产品研发投资				
支付行政管理费				
其他现金收支情况登记				
支付租金/购买厂房				
支付利息/更新长期借款/申请长期借款				
支付设备维护费				
计提折旧				( )
新市场开拓/ISO认证投资				
现金收入合计				
现金支出合计				
期末现金对账(请填余额)				
结账				

2.4 企业经营过程记录表（财务总监）

操 作 记 录

企业经营过程记录表

_____公司财务总监（CFO）

起　始　年

企业经营流程 请按顺序执行下列各项操作	每执行完一项操作，财务总监（或助理）在相应的方格内打"√"或"×"，只在涉及现金收支的方格中填写现金收支的具体数字			
新年度规划会议				
参加订货会/登记销售订单				
制订新年度计划				
支付应交税费				
季初现金盘点（请填余额）				
更新短期借款/还本付息/申请短期借款（高利贷）				
更新应付款/归还应付款				
原料入库/更新原料订单				
下原料订单				
更新生产/完工入库				
投资新生产线/变卖生产线/生产线转产				
向其他企业购买原料/出售原料				
开始下一批生产				
更新应收款/应收款收现				
出售厂房				
向其他企业购买成品/出售成品				
按订单交货				
产品研发投资				
支付行政管理费				
其他现金收支情况登记				
支付租金/购买厂房				
支付利息/更新长期借款/申请长期借款				
支付设备维护费				
计提折旧				（ ）
新市场开拓/ISO认证投资				
现金收入合计				
现金支出合计				
期末现金对账（请填余额）				
结账				

订单登记表 金额单位：百万元

订单号										合计
市场										
产品										
数量										
账期										
交货期										
销售额										
成本										
毛利										
未售										

产品核算统计表 金额单位：百万元

项目	Beryl	Crystal	Ruby	Sapphire	合计
数量					
销售额					
成本					
毛利					

综合费用明细表 金额单位：百万元

项目	金额	备注
行政管理费		
广告费		
设备维护费		
租金		
转产费		
市场开拓投资		□本地　□区域　□国内　□亚洲　□国际
ISO认证投资		□ISO 9000　　　□ISO 14000
产品研发投资		Crystal(　) 　Ruby(　) 　Sapphire(　)
其他		
合计		

简易利润表　　　　　　　　　　单位：百万元

项目	本期金额	上期金额
营业收入		
营业成本		
毛利		
综合费用		
折旧前利润		
折旧		
支付利息前利润		
财务收入/支出		
其他收入/支出		
利润总额		
所得税费用		
净利润		

简易资产负债表　　　　　　　　　　单位：百万元

资产	期末余额	上年年末余额	负债和所有者权益	期末余额	上年年末余额
流动资产：			负债：		
货币资金			短期借款		
应收账款			应付账款		
在制品			应交税费		
成品			一年内到期的非流动负债		
原料			长期借款		
流动资产合计			负债合计		
非流动资产：			所有者权益：		
土地及厂房			实收资本		
生产设施			利润留存		
在建工程			年度净利润		
非流动资产合计			所有者权益合计		
资产总计			负债和所有者权益总计		

第 一 年

企业经营流程 请按顺序执行下列各项操作	每执行完一项操作，财务总监（或助理）在相应的方格内打"√" 或"×"，只在涉及现金收支的方格中填写现金收支的具体数字			
新年度规划会议				
参加订货会/登记销售订单				
制订新年度计划				
支付应交税费				
季初现金盘点（请填余额）				
更新短期借款/还本付息/申请短期借款（高利贷）				
更新应付款/归还应付款				
原料入库/更新原料订单				
下原料订单				
更新生产/完工入库				
投资新生产线/变卖生产线/生产线转产				
向其他企业购买原料/出售原料				
开始下一批生产				
更新应收款/应收款收现				
出售厂房				
向其他企业购买成品/出售成品				
按订单交货				
产品研发投资				
支付行政管理费				
其他现金收支情况登记				
支付租金/购买厂房				
支付利息/更新长期借款/申请长期借款				
支付设备维护费				
计提折旧				（ ）
新市场开拓/ISO认证投资				
现金收入合计				
现金支出合计				
期末现金对账（请填余额）				
结账				

现金预算表　　　　　　　单位：百万元

项目	第一季度	第二季度	第三季度	第四季度
期初库存现金				
支付上年应交税费				
市场广告投入				
贴现费用				
利息（短期借款）				
支付到期短期借款				
原料采购支付现金				
转产费用				
生产线投资				
工人工资				
产品研发投资				
收到现金前的所有支出				
应收款到期				
支付行政管理费				
租金				
购买新厂房				
利息（长期借款）				
支付到期长期借款				
支付设备维护费				
市场开拓投资				
ISO认证投资				
其他				
库存现金余额				

要点记录

第一季度：_____

第二季度：_____

第三季度：_____

第四季度：_____

年底小结：_____

_____

订单登记表   金额单位：百万元

订单号											合计
市　场											
产　品											
数　量											
账　期											
交货期											
销售额											
成　本											
毛　利											
未　售											

产品核算统计表   金额单位：百万元

项目	Beryl	Crystal	Ruby	Sapphire	合计
数量					
销售额					
成本					
毛利					

综合费用明细表   金额单位：百万元

项目	金额	备注
行政管理费		
广告费		
设备维护费		
租金		
转产费		
市场开拓投资		□本地　□区域　□国内　□亚洲　□国际
ISO认证投资		□ISO 9000　　□ISO 14000
产品研发投资		Crystal(　)　Ruby(　)　Sapphire(　)
其他		
合计		

简易利润表　　　　　　　　　单位：百万元

项目	本期金额	上期金额
营业收入		
营业成本		
毛利		
综合费用		
折旧前利润		
折旧		
支付利息前利润		
财务收入/支出		
其他收入/支出		
利润总额		
所得税费用		
净利润		

简易资产负债表　　　　　　　　　单位：百万元

资产	期末余额	上年年末余额	负债和所有者权益	期末余额	上年年末余额
流动资产：			负债：		
货币资金			短期借款		
应收账款			应付账款		
在制品			应交税费		
成品			一年内到期的非流动负债		
原料			长期借款		
流动资产合计			负债合计		
非流动资产：			所有者权益：		
土地及厂房			实收资本		
生产设施			利润留存		
在建工程			年度净利润		
非流动资产合计			所有者权益合计		
资产总计			负债和所有者权益总计		

第 二 年

企业经营流程 请按顺序执行下列各项操作	每执行完一项操作，财务总监（或助理）在相应的方格内打"√"或"×"，只在涉及现金收支的方格中填写现金收支的具体数字			
新年度规划会议				
参加订货会/登记销售订单				
制订新年度计划				
支付应交税费				
季初现金盘点（请填余额）				
更新短期借款/还本付息/申请短期借款（高利贷）				
更新应付款/归还应付款				
原料入库/更新原料订单				
下原料订单				
更新生产/完工入库				
投资新生产线/变卖生产线/生产线转产				
向其他企业购买原料/出售原料				
开始下一批生产				
更新应收款/应收款收现				
出售厂房				
向其他企业购买成品/出售成品				
按订单交货				
产品研发投资				
支付行政管理费				
其他现金收支情况登记				
支付租金/购买厂房				
支付利息/更新长期借款/申请长期借款				
支付设备维护费				
计提折旧				（　）
新市场开拓/ISO认证投资				
现金收入合计				
现金支出合计				
期末现金对账（请填余额）				
结账				

现金预算表　　　　　　　　　　　单位：百万元

项目	第一季度	第二季度	第三季度	第四季度
期初库存现金				
支付上年应交税费				
市场广告投入				
贴现费用				
利息（短期借款）				
支付到期短期借款				
原料采购支付现金				
转产费用				
生产线投资				
工人工资				
产品研发投资				
收到现金前的所有支出				
应收款到期				
支付行政管理费				
租金				
购买新厂房				
利息（长期借款）				
支付到期长期借款				
支付设备维护费				
市场开拓投资				
ISO认证投资				
其他				
库存现金余额				

要点记录

第一季度：＿＿＿＿＿＿＿＿＿＿＿＿＿＿＿＿＿＿＿＿

第二季度：＿＿＿＿＿＿＿＿＿＿＿＿＿＿＿＿＿＿＿＿

第三季度：＿＿＿＿＿＿＿＿＿＿＿＿＿＿＿＿＿＿＿＿

第四季度：＿＿＿＿＿＿＿＿＿＿＿＿＿＿＿＿＿＿＿＿

年底小结：＿＿＿＿＿＿＿＿＿＿＿＿＿＿＿＿＿＿＿＿

＿＿＿＿＿＿＿＿＿＿＿＿＿＿＿＿＿＿＿＿

订单登记表

金额单位：百万元

订单号										合计
市场										
产品										
数量										
账期										
交货期										
销售额										
成本										
毛利										
未售										

产品核算统计表

金额单位：百万元

项目	Beryl	Crystal	Ruby	Sapphire	合计
数量					
销售额					
成本					
毛利					

综合费用明细表

金额单位：百万元

项目	金额	备注
行政管理费		
广告费		
设备维护费		
租金		
转产费		
市场开拓投资		□本地　□区域　□国内　□亚洲　□国际
ISO认证投资		□ISO 9000　　□ISO 14000
产品研发投资		Crystal(　)　Ruby(　)　Sapphire(　)
其他		
合计		

简易利润表   单位：百万元

项目	本期金额	上期金额
营业收入		
营业成本		
毛利		
综合费用		
折旧前利润		
折旧		
支付利息前利润		
财务收入/支出		
其他收入/支出		
利润总额		
所得税费用		
净利润		

简易资产负债表   单位：百万元

资产	期末余额	上年年末余额	负债和所有者权益	期末余额	上年年末余额
流动资产：			负债：		
货币资金			短期借款		
应收账款			应付账款		
在制品			应交税费		
成品			一年内到期的非流动负债		
原料			长期借款		
流动资产合计			负债合计		
非流动资产：			所有者权益：		
土地及厂房			实收资本		
生产设施			利润留存		
在建工程			年度净利润		
非流动资产合计			所有者权益合计		
资产总计			负债和所有者权益总计		

第 三 年

企业经营流程 请按顺序执行下列各项操作	每执行完一项操作，财务总监（或助理）在相应的方格内打"√"或"×"，只在涉及现金收支的方格中填写现金收支的具体数字			
新年度规划会议				
参加订货会/登记销售订单				
制订新年度计划				
支付应交税费				
季初现金盘点（请填余额）				
更新短期借款/还本付息/申请短期借款（高利贷）				
更新应付款/归还应付款				
原料入库/更新原料订单				
下原料订单				
更新生产/完工入库				
投资新生产线/变卖生产线/生产线转产				
向其他企业购买原料/出售原料				
开始下一批生产				
更新应收款/应收款收现				
出售厂房				
向其他企业购买成品/出售成品				
按订单交货				
产品研发投资				
支付行政管理费				
其他现金收支情况登记				
支付租金/购买厂房				
支付利息/更新长期借款/申请长期借款				
支付设备维护费				
计提折旧				（　）
新市场开拓/ISO认证投资				
现金收入合计				
现金支出合计				
期末现金对账（请填余额）				
结账				

现金预算表　　　　　　　　　　单位：百万元

项目	第一季度	第二季度	第三季度	第四季度
期初库存现金				
支付上年应交税费				
市场广告投入				
贴现费用				
利息（短期借款）				
支付到期短期借款				
原料采购支付现金				
转产费用				
生产线投资				
工人工资				
产品研发投资				
收到现金前的所有支出				
应收款到期				
支付行政管理费				
租金				
购买新厂房				
利息（长期借款）				
支付到期长期借款				
支付设备维护费				
市场开拓投资				
ISO认证投资				
其他				
库存现金余额				

要点记录

第一季度：＿＿＿＿＿＿＿＿＿＿＿＿＿＿＿＿＿＿＿＿＿＿＿＿＿

第二季度：＿＿＿＿＿＿＿＿＿＿＿＿＿＿＿＿＿＿＿＿＿＿＿＿＿

第三季度：＿＿＿＿＿＿＿＿＿＿＿＿＿＿＿＿＿＿＿＿＿＿＿＿＿

第四季度：＿＿＿＿＿＿＿＿＿＿＿＿＿＿＿＿＿＿＿＿＿＿＿＿＿

年底小结：＿＿＿＿＿＿＿＿＿＿＿＿＿＿＿＿＿＿＿＿＿＿＿＿＿

＿＿＿＿＿＿＿＿＿＿＿＿＿＿＿＿＿＿＿＿＿＿＿＿＿＿＿＿＿＿＿＿

订单登记表

金额单位：百万元

订单号									合计
市 场									
产 品									
数 量									
账 期									
交货期									
销售额									
成 本									
毛 利									
未 售									

产品核算统计表

金额单位：百万元

项目	Beryl	Crystal	Ruby	Sapphire	合计
数 量					
销售额					
成 本					
毛 利					

综合费用明细表

金额单位：百万元

项目	金额	备注
行政管理费		
广告费		
设备维护费		
租金		
转产费		
市场开拓投资		□本地　□区域　□国内　□亚洲　□国际
ISO认证投资		□ISO 9000　　□ISO 14000
产品研发投资		Crystal（　）　Ruby（　）　Sapphire（　）
其他		
合计		

简易利润表

単位：百万元

项目	本期金额	上期金额
营业收入		
营业成本		
毛利		
综合费用		
折旧前利润		
折旧		
支付利息前利润		
财务收入/支出		
其他收入/支出		
利润总额		
所得税费用		
净利润		

简易资产负债表

単位：百万元

资产	期末余额	上年年末余额	负债和所有者权益	期末余额	上年年末余额
流动资产：			负债：		
货币资金			短期借款		
应收账款			应付账款		
在制品			应交税费		
成品			一年内到期的非流动负债		
原料			长期借款		
流动资产合计			负债合计		
非流动资产：			所有者权益：		
土地及厂房			实收资本		
生产设施			利润留存		
在建工程			年度净利润		
非流动资产合计			所有者权益合计		
资产总计			负债和所有者权益总计		

第 四 年

企业经营流程 请按顺序执行下列各项操作	每执行完一项操作，财务总监（或助理）在相应的方格内打"√"或"×"，只在涉及现金收支的方格中填写现金收支的具体数字			
新年度规划会议				
参加订货会/登记销售订单				
制订新年度计划				
支付应交税费				
季初现金盘点（请填余额）				
更新短期借款/还本付息/申请短期借款（高利贷）				
更新应付款/归还应付款				
原料入库/更新原料订单				
下原料订单				
更新生产/完工入库				
投资新生产线/变卖生产线/生产线转产				
向其他企业购买原料/出售原料				
开始下一批生产				
更新应收款/应收款收现				
出售厂房				
向其他企业购买成品/出售成品				
按订单交货				
产品研发投资				
支付行政管理费				
其他现金收支情况登记				
支付租金/购买厂房				
支付利息/更新长期借款/申请长期借款				
支付设备维护费				
计提折旧			( )	
新市场开拓/ISO认证投资				
现金收入合计				
现金支出合计				
期末现金对账（请填余额）				
结账				

现金预算表　　　　　　　　　　单位：百万元

项目	第一季度	第二季度	第三季度	第四季度
期初库存现金				
支付上年应交税费				
市场广告投入				
贴现费用				
利息（短期借款）				
支付到期短期借款				
原料采购支付现金				
转产费用				
生产线投资				
工人工资				
产品研发投资				
收到现金前的所有支出				
应收款到期				
支付行政管理费				
租金				
购买新厂房				
利息（长期借款）				
支付到期长期借款				
支付设备维护费				
市场开拓投资				
ISO认证投资				
其他				
库存现金余额				

要点记录

第一季度：＿＿＿＿＿＿＿＿＿＿＿＿＿＿＿＿＿

第二季度：＿＿＿＿＿＿＿＿＿＿＿＿＿＿＿＿＿

第三季度：＿＿＿＿＿＿＿＿＿＿＿＿＿＿＿＿＿

第四季度：＿＿＿＿＿＿＿＿＿＿＿＿＿＿＿＿＿

年底小结：＿＿＿＿＿＿＿＿＿＿＿＿＿＿＿＿＿

订单登记表 金额单位：百万元

订单号									合计
市场									
产品									
数量									
账期									
交货期									
销售额									
成本									
毛利									
未售									

产品核算统计表 金额单位：百万元

项目	Beryl	Crystal	Ruby	Sapphire	合计
数量					
销售额					
成本					
毛利					

综合费用明细表 金额单位：百万元

项目	金额	备注
行政管理费		
广告费		
设备维护费		
租金		
转产费		
市场开拓投资		□本地　□区域　□国内　□亚洲　□国际
ISO认证投资		□ISO 9000　□ISO 14000
产品研发投资		Crystal(　)　Ruby(　)　Sapphire(　)
其他		
合计		

简易利润表　　　　　　　　　单位：百万元

项目	本期金额	上期金额
营业收入		
营业成本		
毛利		
综合费用		
折旧前利润		
折旧		
支付利息前利润		
财务收入/支出		
其他收入/支出		
利润总额		
所得税费用		
净利润		

简易资产负债表　　　　　　　　单位：百万元

资产	期末余额	上年年末余额	负债和所有者权益	期末余额	上年年末余额
流动资产：			负债：		
货币资金			短期借款		
应收账款			应付账款		
在制品			应交税费		
成品			一年内到期的非流动负债		
原料			长期借款		
流动资产合计			负债合计		
非流动资产：			所有者权益：		
土地及厂房			实收资本		
生产设施			利润留存		
在建工程			年度净利润		
非流动资产合计			所有者权益合计		
资产总计			负债和所有者权益总计		

第 五 年

企业经营流程 请按顺序执行下列各项操作	每执行完一项操作，财务总监（或助理）在相应的方格内打"√" 或"×"，只在涉及现金收支的方格中填写现金收支的具体数字			
新年度规划会议				
参加订货会/登记销售订单				
制订新年度计划				
支付应交税费				
季初现金盘点（请填余额）				
更新短期借款/还本付息/申请短期借款（高利贷）				
更新应付款/归还应付款				
原料入库/更新原料订单				
下原料订单				
更新生产/完工入库				
投资新生产线/变卖生产线/生产线转产				
向其他企业购买原料/出售原料				
开始下一批生产				
更新应收款/应收款收现				
出售厂房				
向其他企业购买成品/出售成品				
按订单交货				
产品研发投资				
支付行政管理费				
其他现金收支情况登记				
支付租金/购买厂房				
支付利息/更新长期借款/申请长期借款				
支付设备维护费				
计提折旧			( )	
新市场开拓/ISO认证投资				
现金收入合计				
现金支出合计				
期末现金对账（请填余额）				
结账				

现金预算表　　　　　　　　　　　　单位：百万元

项目	第一季度	第二季度	第三季度	第四季度
期初库存现金				
支付上年应交税费				
市场广告投入				
贴现费用				
利息（短期借款）				
支付到期短期借款				
原料采购支付现金				
转产费用				
生产线投资				
工人工资				
产品研发投资				
收到现金前的所有支出				
应收款到期				
支付行政管理费				
租金				
购买新厂房				
利息（长期借款）				
支付到期长期借款				
支付设备维护费				
市场开拓投资				
ISO认证投资				
其他				
库存现金余额				

要点记录

第一季度：_____

第二季度：_____

第三季度：_____

第四季度：_____

年底小结：_____

_____

订单登记表 金额单位：百万元

订单号								合计
市场								
产品								
数量								
账期								
交货期								
销售额								
成本								
毛利								
未售								

产品核算统计表 金额单位：百万元

项目	Beryl	Crystal	Ruby	Sapphire	合计
数量					
销售额					
成本					
毛利					

综合费用明细表 金额单位：百万元

项目	金额	备注
行政管理费		
广告费		
设备维护费		
租金		
转产费		
市场开拓投资		□本地　□区域　□国内　□亚洲　□国际
ISO认证投资		□ISO 9000　　□ISO 14000
产品研发投资		Crystal(　)　Ruby(　)　Sapphire(　)
其他		
合计		

简易利润表　　　　　　　单位：百万元

项目	本期金额	上期金额
营业收入		
营业成本		
毛利		
综合费用		
折旧前利润		
折旧		
支付利息前利润		
财务收入/支出		
其他收入/支出		
利润总额		
所得税费用		
净利润		

简易资产负债表　　　　　　　单位：百万元

资产	期末余额	上年年末余额	负债和所有者权益	期末余额	上年年末余额
流动资产：			负债：		
货币资金			短期借款		
应收账款			应付账款		
在制品			应交税费		
成品			一年内到期的非流动负债		
原料			长期借款		
流动资产合计			负债合计		
非流动资产：			所有者权益：		
土地及厂房			实收资本		
生产设施			利润留存		
在建工程			年度净利润		
流动资产合计			所有者权益合计		
资产总计			负债和所有者权益总计		

第 六 年

企业经营流程 请按顺序执行下列各项操作	每执行完一项操作，财务总监（或助理）在相应的方格内打"√" 或"×"，只在涉及现金收支的方格中填写现金收支的具体数字			
新年度规划会议				
参加订货会/登记销售订单				
制订新年度计划				
支付应交税费				
季初现金盘点（请填余额）				
更新短期贷款/还本付息/申请短期借款（高利贷）				
更新应付账款/归还应付款				
原料入库/更新原料订单				
下原料订单				
更新生产/完工入库				
投资新生产线/变卖生产线/生产线转产				
向其他企业购买原料/出售原料				
开始下一批生产				
更新应收款/应收款收现				
出售厂房				
向其他企业购买成品/出售成品				
按订单交货				
产品研发投资				
支付行政管理费				
其他现金收支情况登记				
支付租金/购买厂房				
支付利息/更新长期借款/申请长期借款				
支付设备维护费				
计提折旧				（ ）
新市场开拓/ISO认证投资				
现金收入合计				
现金支出合计				
期末现金对账（请填余额）				
结账				

现金预算表　　　　　　　　　　　　　　　　单位：百万元

项目	第一季度	第二季度	第三季度	第四季度
期初库存现金				
支付上年应交税费				
市场广告投入				
贴现费用				
利息（短期借款）				
支付到期短期借款				
原料采购支付现金				
转产费用				
生产线投资				
工人工资				
产品研发投资				
收到现金前的所有支出				
应收款到期				
支付行政管理费				
租金				
购买新厂房				
利息（长期借款）				
支付到期长期借款				
支付设备维护费				
市场开拓投资				
ISO认证投资				
其他				
库存现金余额				

要点记录

第一季度：_____

第二季度：_____

第三季度：_____

第四季度：_____

年底小结：_____

_____

订单登记表　　　　　　　　　　　　　　　金额单位：百万元

订单号										合计
市场										
产品										
数量										
账期										
交货期										
销售额										
成本										
毛利										
未售										

产品核算统计表　　　　　　　　　　　　　金额单位：百万元

项目	Beryl	Crystal	Ruby	Sapphire	合计
数量					
销售额					
成本					
毛利					

综合费用明细表　　　　　　　　　　　　　金额单位：百万元

项目	金额	备注
行政管理费		
广告费		
设备维护费		
租金		
转产费		
市场开拓投资		□本地　□区域　□国内　□亚洲　□国际
ISO认证投资		□ISO 9000　　□ISO 14000
产品研发投资		Crystal(　)　Ruby(　)　Sapphire(　)
其他		
合计		

简易利润表 单位：百万元

项目	本期金额	上期金额
营业收入		
营业成本		
毛利		
综合费用		
折旧前利润		
折旧		
支付利息前利润		
财务收入/支出		
其他收入/支出		
利润总额		
所得税费用		
净利润		

简易资产负债表 单位：百万元

资产	期末余额	上年年末余额	负债和所有者权益	期末余额	上年年末余额
流动资产：			负债：		
货币资金			短期借款		
应收账款			应付账款		
在制品			应交税费		
成品			一年内到期的非流动负债		
原料			长期借款		
流动资产合计			负债合计		
非流动资产：			所有者权益：		
土地及厂房			实收资本		
生产设施			利润留存		
在建工程			年度净利润		
非流动资产合计			所有者权益合计		
资产总计			负债和所有者权益总计		

第 七 年

企业经营流程 请按顺序执行下列各项操作	每执行完一项操作，财务总监（或助理）在相应的方格内打"√"或"×"，只在涉及现金收支的方格中填写现金收支的具体数字			
新年度规划会议				
参加订货会/登记销售订单				
制订新年度计划				
支付应交税费				
季初现金盘点（请填余额）				
更新短期借款/还本付息/申请短期借款（高利贷）				
更新应付款/归还应付款				
原料入库/更新原料订单				
下原料订单				
更新生产/完工入库				
投资新生产线/变卖生产线/生产线转产				
向其他企业购买原料/出售原料				
开始下一批生产				
更新应收款/应收款收现				
出售厂房				
向其他企业购买成品/出售成品				
按订单交货				
产品研发投资				
支付行政管理费				
其他现金收支情况登记				
支付租金/购买厂房				
支付利息/更新长期借款/申请长期借款				
支付设备维护费				
计提折旧				( )
新市场开拓/ISO认证投资				
现金收入合计				
现金支出合计				
期末现金对账（请填余额）				
结账				

现金预算表 单位：百万元

项目	第一季度	第二季度	第三季度	第四季度
期初库存现金				
支付上年应交税费				
市场广告投入				
贴现费用				
利息（短期借款）				
支付到期短期借款				
原料采购支付现金				
转产费用				
生产线投资				
工人工资				
产品研发投资				
收到现金前的所有支出				
应收款到期				
支付行政管理费				
租金				
购买新厂房				
利息（长期借款）				
支付到期长期借款				
支付设备维护费				
市场开拓投资				
ISO认证投资				
其他				
库存现金余额				

要点记录

第一季度：_____

第二季度：_____

第三季度：_____

第四季度：_____

年底小结：_____

订单登记表

金额单位：百万元

订单号									合计
市场									
产品									
数量									
账期									
交货期									
销售额									
成本									
毛利									
未售									

产品核算统计表

金额单位：百万元

项目	Beryl	Crystal	Ruby	Sapphire	合计
数量					
销售额					
成本					
毛利					

综合费用明细表

金额单位：百万元

项目	金额	备注
行政管理费		
广告费		
设备维护费		
租金		
转产费		
市场开拓投资		□本地　□区域　□国内　□亚洲　□国际
ISO认证投资		□ISO 9000　　□ISO 14000
产品研发投资		Crystal(　)　Ruby(　)　Sapphire(　)
其他		
合计		

简易利润表　　　　　　　　　　　　单位：百万元

项目	本期金额	上期金额
营业收入		
营业成本		
毛利		
综合费用		
折旧前利润		
折旧		
支付利息前利润		
财务收入/支出		
其他收入/支出		
利润总额		
所得税费用		
净利润		

简易资产负债表　　　　　　　　　　单位：百万元

资产	期末余额	上年年末余额	负债和所有者权益	期末余额	上年年末余额
流动资产：			负债：		
货币资金			短期借款		
应收账款			应付账款		
在制品			应交税费		
成品			一年内到期的非流动负债		
原料			长期借款		
流动资产合计			负债合计		
非流动资产：			所有者权益：		
土地及厂房			实收资本		
生产设施			利润留存		
在建工程			年度净利润		
非流动资产合计			所有者权益合计		
资产总计			负债和所有者权益总计		

公司贷款申请表

贷款类型		第一年				第二年				第三年				第四年				第五年				第六年				第七年			
		1	2	3	4	1	2	3	4	1	2	3	4	1	2	3	4	1	2	3	4	1	2	3	4	1	2	3	4
短期借款	借																												
	还																												
高利贷	借																												
	还																												
短期借款余额																													
监督员签字																													
长期借款	借																												
	还																												
长期借款余额																													
上年所有者权益																													
监督员签字																													

2.5　企业经营过程记录表（营销总监）

操　作　记　录

企业经营过程记录表

_____公司营销总监

起　始　年

企业经营流程 请按顺序执行下列各项操作	每执行完一项操作，营销总监（或助理）在相应方格中填写产成品增减和销售情况			
新年度规划会议				
参加订货会/登记销售订单				
制订新年度计划				
支付应交税费				
	第一季度	第二季度	第三季度	第四季度
产成品库存台账	B C R S	B C R S	B C R S	B C R S
期初产成品盘点（请填余额）				
更新短期借款/还本付息/申请短期借款（高利贷）				
更新应付款/归还应付款				
原料入库/更新原料订单				
下原料订单				
更新生产/完工入库				
投资新生产线/变卖生产线/生产线转产				
向其他企业购买原料/出售原料				
开始下一批生产				
更新应收款/应收款收现				
出售厂房				
向其他企业购买成品/出售成品				
按订单交货				
产品研发投资				
支付行政管理费				
其他现金收支情况登记				
支付租金/购买厂房				
支付利息/更新长期借款/申请长期借款				
支付设备维护费				
计提折旧			( )	
新市场开拓/ISO认证投资				
产成品入库合计				
产成品出库合计				
期末产成品对账（请填余额）				
结账				

第 一 年

企业经营流程 请按顺序执行下列各项操作	每执行完一项操作，营销总监（或助理）在相应方格中填写产成品增减和销售情况															
新年度规划会议																
参加订货会/登记销售订单																
制订新年度计划																
支付应交税费																
	第一季度				第二季度				第三季度				第四季度			
产成品库存台账	B	C	R	S	B	C	R	S	B	C	R	S	B	C	R	S
期初产成品盘点（请填余额）																
更新短期借款/还本付息/申请短期借款（高利贷）																
更新应付款/归还应付款																
原料入库/更新原料订单																
下原料订单																
更新生产/完工入库																
投资新生产线/变卖生产线/生产线转产																
向其他企业购买原料/出售原料																
开始下一批生产																
更新应收款/应收款收现																
出售厂房																
向其他企业购买成品/出售成品																
按订单交货																
产品研发投资																
支付行政管理费																
其他现金收支情况登记																
支付租金/购买厂房																
支付利息/更新长期借款/申请长期借款																
支付设备维护费																
计提折旧													（	）		
新市场开拓/ISO认证投资																
产成品入库合计																
产成品出库合计																
期末产成品对账（请填余额）																
结账																

第 二 年

企业经营流程 请按顺序执行下列各项操作	每执行完一项操作，营销总监（或助理）在相应方格中填写产成品增减和销售情况																
新年度规划会议																
参加订货会/登记销售订单																
制订新年度计划																
支付应交税费																
	第一季度				第二季度				第三季度				第四季度			
产成品库存台账	B	C	R	S	B	C	R	S	B	C	R	S	B	C	R	S
期初产成品盘点（请填余额）																
更新短期借款/还本付息/申请短期借款（高利贷）																
更新应付款/归还应付款																
原料入库/更新原料订单																
下原料订单																
更新生产/完工入库																
投资新生产线/变卖生产线/生产线转产																
向其他企业购买原料/出售原料																
开始下一批生产																
更新应收款/应收款收现																
出售厂房																
向其他企业购买成品/出售成品																
按订单交货																
产品研发投资																
支付行政管理费																
其他现金收支情况登记																
支付租金/购买厂房																
支付利息/更新长期借款/申请长期借款																
支付设备维护费																
计提折旧												(	)			
新市场开拓/ISO认证投资																
产成品入库合计																
产成品出库合计																
期末产成品对账（请填余额）																
结账																

第 三 年

企业经营流程 请按顺序执行下列各项操作	每执行完一项操作，营销总监（或助理）在相应方格中填写产成品增减和销售情况															
新年度规划会议																
参加订货会/登记销售订单																
制订新年度计划																
支付应交税费																
	第一季度				第二季度				第三季度				第四季度			
产成品库存台账	B	C	R	S	B	C	R	S	B	C	R	S	B	C	R	S
期初产成品盘点（请填余额）																
更新短期借款/还本付息/申请短期借款（高利贷）																
更新应付款/归还应付款																
原料入库/更新原料订单																
下原料订单																
更新生产/完工入库																
投资新生产线/变卖生产线/生产线转产																
向其他企业购买原料/出售原料																
开始下一批生产																
更新应收款/应收款收现																
出售厂房																
向其他企业购买成品/出售成品																
按订单交货																
产品研发投资																
支付行政管理费																
其他现金收支情况登记																
支付租金/购买厂房																
支付利息/更新长期借款/申请长期借款																
支付设备维护费																
计提折旧													(	)		
新市场开拓/ISO认证投资																
产成品入库合计																
产成品出库合计																
期末产成品对账（请填余额）																
结账																

第 四 年

企业经营流程 请按顺序执行下列各项操作	每执行完一项操作，营销总监（或助理）在相应方格中填写产成品增减和销售情况																
新年度规划会议																
参加订货会/登记销售订单																
制订新年度计划																
支付应交税费																
	第一季度				第二季度				第三季度				第四季度			
产成品库存台账	B	C	R	S	B	C	R	S	B	C	R	S	B	C	R	S
期初产成品盘点（请填余额）																
更新短期借款/还本付息/申请短期借款（高利贷）																
更新应付款/归还应付款																
原料入库/更新原料订单																
下原料订单																
更新生产/完工入库																
投资新生产线/变卖生产线/生产线转产																
向其他企业购买原料/出售原料																
开始下一批生产																
更新应收款/应收款收现																
出售厂房																
向其他企业购买成品/出售成品																
按订单交货																
产品研发投资																
支付行政管理费																
其他现金收支情况登记																
支付租金/购买厂房																
支付利息/更新长期借款/申请长期借款																
支付设备维护费																
计提折旧													(	)		
新市场开拓/ISO认证投资																
产成品入库合计																
产成品出库合计																
期末产成品对账（请填余额）																
结账																

第 五 年

企业经营流程 请按顺序执行下列各项操作	每执行完一项操作，营销总监（或助理）在相应方格中填写产成品增减和销售情况															
新年度规划会议																
参加订货会/登记销售订单																
制订新年度计划																
支付应交税费																
	第一季度				第二季度				第三季度				第四季度			
产成品库存台账	B	C	R	S	B	C	R	S	B	C	R	S	B	C	R	S
期初产成品盘点（请填余额）																
更新短期借款/还本付息/申请短期借款（高利贷）																
更新应付款/归还应付款																
原料入库/更新原料订单																
下原料订单																
更新生产/完工入库																
投资新生产线/变卖生产线/生产线转产																
向其他企业购买原料/出售原料																
开始下一批生产																
更新应收款/应收款收现																
出售厂房																
向其他企业购买成品/出售成品																
按订单交货																
产品研发投资																
支付行政管理费																
其他现金收支情况登记																
支付租金/购买厂房																
支付利息/更新长期借款/申请长期借款																
支付设备维护费																
计提折旧													（		）	
新市场开拓/ISO认证投资																
产成品入库合计																
产成品出库合计																
期末产成品对账（请填余额）																
结账																

第 六 年

企业经营流程 请按顺序执行下列各项操作	每执行完一项操作，营销总监（或助理）在相应方格中填写产成品增减和销售情况			
新年度规划会议				
参加订货会/登记销售订单				
制订新年度计划				
支付应交税费				
	第一季度	第二季度	第三季度	第四季度
产成品库存台账	B C R S	B C R S	B C R S	B C R S
期初产成品盘点（请填余额）				
更新短期借款/还本付息/申请短期借款（高利贷）				
更新应付款/归还应付款				
原料入库/更新原料订单				
下原料订单				
更新生产/完工入库				
投资新生产线/变卖生产线/生产线转产				
向其他企业购买原料/出售原料				
开始下一批生产				
更新应收款/应收款收现				
出售厂房				
向其他企业购买成品/出售成品				
按订单交货				
产品研发投资				
支付行政管理费				
其他现金收支情况登记				
支付租金/购买厂房				
支付利息/更新长期借款/申请长期借款				
支付设备维护费				
计提折旧			（ ）	
新市场开拓/ISO认证投资				
产成品入库合计				
产成品出库合计				
期末产成品对账（请填余额）				
结账				

第 七 年

企业经营流程 请按顺序执行下列各项操作	每执行完一项操作，营销总监（或助理）在相应方格中填写产成品增减和销售情况															
新年度规划会议																
参加订货会/登记销售订单																
制订新年度计划																
支付应交税费																
	第一季度				第二季度				第三季度				第四季度			
产成品库存台账	B	C	R	S	B	C	R	S	B	C	R	S	B	C	R	S
期初产成品盘点（请填余额）																
更新短期借款/还本付息/申请短期借款（高利贷）																
更新应付款/归还应付款																
原料入库/更新原料订单																
下原料订单																
更新生产/完工入库																
投资新生产线/变卖生产线/生产线转产																
向其他企业购买原料/出售原料																
开始下一批生产																
更新应收款/应收款收现																
出售厂房																
向其他企业购买成品/出售成品																
按订单交货																
产品研发投资																
支付行政管理费																
其他现金收支情况登记																
支付租金/购买厂房																
支付利息/更新长期借款/申请长期借款																
支付设备维护费																
计提折旧													(	)	
新市场开拓/ISO认证投资																
产成品入库合计																
产成品出库合计																
期末产成品对账（请填余额）																
结账																

（　　　　）公司广告报价单

第一年本地市场				第二年本地市场				第三年本地市场				第四年本地市场				第五年本地市场				第六年本地市场				第七年本地市场			
产品	广告	9K	14K	产品	广告	9K	14K	产品	广告	9K	14K	产品	广告	9K	14K	产品	广告	9K	14K	产品	广告	9K	14K	产品	广告	9K	14K
B				B				B				B				B				B				B			
C				C				C				C				C				C				C			
R				R				R				R				R				R				R			
S				S				S				S				S				S				S			

第一年区域市场				第二年区域市场				第三年区域市场				第四年区域市场				第五年区域市场				第六年区域市场				第七年区域市场			
产品	广告	9K	14K	产品	广告	9K	14K	产品	广告	9K	14K	产品	广告	9K	14K	产品	广告	9K	14K	产品	广告	9K	14K	产品	广告	9K	14K
B				B				B				B				B				B				B			
C				C				C				C				C				C				C			
R				R				R				R				R				R				R			
S				S				S				S				S				S				S			

第一年国内市场				第二年国内市场				第三年国内市场				第四年国内市场				第五年国内市场				第六年国内市场				第七年国内市场			
产品	广告	9K	14K	产品	广告	9K	14K	产品	广告	9K	14K	产品	广告	9K	14K	产品	广告	9K	14K	产品	广告	9K	14K	产品	广告	9K	14K
B				B				B				B				B				B				B			
C				C				C				C				C				C				C			
R				R				R				R				R				R				R			
S				S				S				S				S				S				S			

第一年亚洲市场				第二年亚洲市场				第三年亚洲市场				第四年亚洲市场				第五年亚洲市场				第六年亚洲市场				第七年亚洲市场			
产品	广告	9K	14K	产品	广告	9K	14K	产品	广告	9K	14K	产品	广告	9K	14K	产品	广告	9K	14K	产品	广告	9K	14K	产品	广告	9K	14K
B				B				B				B				B				B				B			
C				C				C				C				C				C				C			
R				R				R				R				R				R				R			
S				S				S				S				S				S				S			

第一年国际市场				第二年国际市场				第三年国际市场				第四年国际市场				第五年国际市场				第六年国际市场				第七年国际市场			
产品	广告	9K	14K	产品	广告	9K	14K	产品	广告	9K	14K	产品	广告	9K	14K	产品	广告	9K	14K	产品	广告	9K	14K	产品	广告	9K	14K
B				B				B				B				B				B				B			
C				C				C				C				C				C				C			
R				R				R				R				R				R				R			
S				S				S				S				S				S				S			

2.6 企业经营过程记录表（生产总监/技术总监）

操 作 记 录

企业经营过程记录表
_____公司生产总监/技术总监

起　始　年

企业经营流程 请按顺序执行下列各项操作	每执行完一项操作，生产总监（或助理）在相应方格中填写 在制品生产和产品研发投资情况															
新年度规划会议																
参加订货会/登记销售订单																
制订新年度计划																
支付应交税费																
	第一季度				第二季度				第三季度				第四季度			
在制品台账	B	C	R	S	B	C	R	S	B	C	R	S	B	C	R	S
期初在制品盘点（请填余额）																
更新短期借款/还本付息/申请短期借款（高利贷）																
更新应付款/归还应付款																
原料入库/更新原料订单																
下原料订单																
更新生产/完工入库																
投资新生产线/变卖生产线/生产线转产																
向其他企业购买原料/出售原料																
开始下一批生产																
更新应收款/应收款收现																
出售厂房																
向其他企业购买成品/出售成品																
按订单交货																
产品研发投资																
支付行政管理费																
其他现金收支情况登记																
支付租金/购买厂房																
支付利息/更新长期借款/申请长期借款																
支付设备维护费																
计提折旧													(	)		
新市场开拓/ISO认证投资																
在制品上线合计																
在制品下线合计																
期末在制品对账（请填余额）																
结账																

第 一 年

企业经营流程 请按顺序执行下列各项操作	每执行完一项操作，生产总监（或助理）在相应方格中填写在制品生产和产品研发投资情况															
新年度规划会议																
参加订货会/登记销售订单																
制订新年度计划																
支付应交税费																
	第一季度				第二季度				第三季度				第四季度			
在制品台账	B	C	R	S	B	C	R	S	B	C	R	S	B	C	R	S
期初在制品盘点（请填余额）																
更新短期借款/还本付息/申请短期借款（高利贷）																
更新应付款/归还应付款																
原料入库/更新原料订单																
下原料订单																
更新生产/完工入库																
投资新生产线/变卖生产线/生产线转产																
向其他企业购买原料/出售原料																
开始下一批生产																
更新应收款/应收款收现																
出售厂房																
向其他企业购买成品/出售成品																
按订单交货																
产品研发投资																
支付行政管理费																
其他现金收支情况登记																
支付租金/购买厂房																
支付利息/更新长期借款/申请长期借款																
支付设备维护费																
计提折旧														(	)	
新市场开拓/ISO认证投资																
在制品上线合计																
在制品下线合计																
期末在制品对账（请填余额）																
结账																

第 二 年

企业经营流程 请按顺序执行下列各项操作	每执行完一项操作，生产总监（或助理）在相应方格中填写 在制品生产和产品研发投资情况
新年度规划会议	
参加订货会/登记销售订单	
制订新年度计划	
支付应交税费	

	第一季度				第二季度				第三季度				第四季度			
在制品台账	B	C	R	S	B	C	R	S	B	C	R	S	B	C	R	S
期初在制品盘点（请填余额）																
更新短期借款/还本付息/申请短期借款（高利贷）																
更新应付款/归还应付款																
原料入库/更新原料订单																
下原料订单																
更新生产/完工入库																
投资新生产线/变卖生产线/生产线转产																
向其他企业购买原料/出售原料																
开始下一批生产																
更新应收款/应收款收现																
出售厂房																
向其他企业购买成品/出售成品																
按订单交货																
产品研发投资																
支付行政管理费																
其他现金收支情况登记																
支付租金/购买厂房																
支付利息/更新长期借款/申请长期借款																
支付设备维护费																
计提折旧													(	)		
新市场开拓/ISO认证投资																
在制品上线合计																
在制品下线合计																
期末在制品对账（请填余额）																
结账																

第 三 年

企业经营流程 请按顺序执行下列各项操作	每执行完一项操作，生产总监（或助理）在相应方格中填写 在制品生产和产品研发投资情况															
新年度规划会议																
参加订货会/登记销售订单																
制订新年度计划																
支付应交税费																
	第一季度				第二季度				第三季度				第四季度			
在制品台账	B	C	R	S	B	C	R	S	B	C	R	S	B	C	R	S
期初在制品盘点（请填余额）																
更新短期借款/还本付息/申请短期借款（高利贷）																
更新应付款/归还应付款																
原料入库/更新原料订单																
下原料订单																
更新生产/完工入库																
投资新生产线/变卖生产线/生产线转产																
向其他企业购买原料/出售原料																
开始下一批生产																
更新应收款/应收款收现																
出售厂房																
向其他企业购买成品/出售成品																
按订单交货																
产品研发投资																
支付行政管理费																
其他现金收支情况登记																
支付租金/购买厂房																
支付利息/更新长期借款/申请长期借款																
支付设备维护费																
计提折旧													(	)		
新市场开拓/ISO认证投资																
在制品上线合计																
在制品下线合计																
期末在制品对账（请填余额）																
结账																

第 四 年

企业经营流程 请按顺序执行下列各项操作	每执行完一项操作，生产总监（或助理）在相应方格中填写在制品生产和产品研发投资情况															
新年度规划会议																
参加订货会/登记销售订单																
制订新年度计划																
支付应交税费																
	第一季度				第二季度				第三季度				第四季度			
在制品台账	B	C	R	S	B	C	R	S	B	C	R	S	B	C	R	S
期初在制品盘点（请填余额）																
更新短期借款/还本付息/申请短期借款（高利贷）																
更新应付款/归还应付款																
原料入库/更新原料订单																
下原料订单																
更新生产/完工入库																
投资新生产线/变卖生产线/生产线转产																
向其他企业购买原料/出售原料																
开始下一批生产																
更新应收款/应收款收现																
出售厂房																
向其他企业购买成品/出售成品																
按订单交货																
产品研发投资																
支付行政管理费																
其他现金收支情况登记																
支付租金/购买厂房																
支付利息/更新长期借款/申请长期借款																
支付设备维护费																
计提折旧													（　　）			
新市场开拓/ISO认证投资																
在制品上线合计																
在制品下线合计																
期末在制品对账（请填余额）																
结账																

第 五 年

企业经营流程 请按顺序执行下列各项操作	每执行完一项操作，生产总监（或助理）在相应方格中填写 在制品生产和产品研发投资情况															
新年度规划会议																
参加订货会/登记销售订单																
制订新年度计划																
支付应交税费																
	第一季度				第二季度				第三季度				第四季度			
在制品台账	B	C	R	S	B	C	R	S	B	C	R	S	B	C	R	S
期初在制品盘点（请填余额）																
更新短期借款/还本付息/申请短期借款（高利贷）																
更新应付款/归还应付款																
原料入库/更新原料订单																
下原料订单																
更新生产/完工入库																
投资新生产线/变卖生产线/生产线转产																
向其他企业购买原料/出售原料																
开始下一批生产																
更新应收款/应收款收现																
出售厂房																
向其他企业购买成品/出售成品																
按订单交货																
产品研发投资																
支付行政管理费																
其他现金收支情况登记																
支付租金/购买厂房																
支付利息/更新长期借款/申请长期借款																
支付设备维护费																
计提折旧													（	）		
新市场开拓/ISO认证投资																
在制品上线合计																
在制品下线合计																
期末在制品对账（请填余额）																
结账																

第 六 年

企业经营流程 请按顺序执行下列各项操作	每执行完一项操作，生产总监（或助理）在相应方格中填写 在制品生产和产品研发投资情况															
新年度规划会议																
参加订货会/登记销售订单																
制订新年度计划																
支付应交税费																
	第一季度				第二季度				第三季度				第四季度			
在制品台账	B	C	R	S	B	C	R	S	B	C	R	S	B	C	R	S
期初在制品盘点（请填余额）																
更新短期借款/还本付息/申请短期借款（高利贷）																
更新应付款/归还应付款																
原料入库/更新原料订单																
下原料订单																
更新生产/完工入库																
投资新生产线/变卖生产线/生产线转产																
向其他企业购买原料/出售原料																
开始下一批生产																
更新应收款/应收款收现																
出售厂房																
向其他企业购买成品/出售成品																
按订单交货																
产品研发投资																
支付行政管理费																
其他现金收支情况登记																
支付租金/购买厂房																
支付利息/更新长期借款/申请长期借款																
支付设备维护费																
计提折旧													（ ）			
新市场开拓/ISO认证投资																
在制品上线合计																
在制品下线合计																
期末在制品对账（请填余额）																
结账																

第 七 年

企业经营流程 请按顺序执行下列各项操作	每执行完一项操作，生产总监（或助理）在相应方格中填写 在制品生产和产品研发投资情况															
新年度规划会议																
参加订货会/登记销售订单																
制订新年度计划																
支付应交税费																
	第一季度				第二季度				第三季度				第四季度			
在制品台账	B	C	R	S	B	C	R	S	B	C	R	S	B	C	R	S
期初在制品盘点（请填余额）																
更新短期借款/还本付息/申请短期借款（高利贷）																
更新应付款/归还应付款																
原料入库/更新原料订单																
下原料订单																
更新生产/完工入库																
投资新生产线/变卖生产线/生产线转产																
向其他企业购买原料/出售原料																
开始下一批生产																
更新应收款/应收款收现																
出售厂房																
向其他企业购买成品/出售成品																
按订单交货																
产品研发投资																
支付行政管理费																
其他现金收支情况登记																
支付租金/购买厂房																
支付利息/更新长期借款/申请长期借款																
支付设备维护费																
计提折旧													(		)
新市场开拓/ISO认证投资																
在制品上线合计																
在制品下线合计																
期末在制品对账（请填余额）																
结账																

生产计划及采购计划编制（第一至三年）

生产线		第一年				第二年				第三年			
		第一季度	第二季度	第三季度	第四季度	第一季度	第二季度	第三季度	第四季度	第一季度	第二季度	第三季度	第四季度
1	产品												
	材料												
2	产品												
	材料												
3	产品												
	材料												
4	产品												
	材料												
5	产品												
	材料												
6	产品												
	材料												
7	产品												
	材料												
8	产品												
	材料												
合计	产品												
	材料												

生产计划及采购计划编制（第四至七年）

生产线		第四年				第五年				第六年				第七年			
		第一季度	第二季度	第三季度	第四季度	第一季度	第二季度	第三季度	第四季度	第一季度	第二季度	第三季度	第四季度	第一季度	第二季度	第三季度	第四季度
1	产品																
	材料																
2	产品																
	材料																
3	产品																
	材料																
4	产品																
	材料																
5	产品																
	材料																
6	产品																
	材料																
7	产品																
	材料																
8	产品																
	材料																
合计	产品																
	材料																

2.7　企业经营过程记录表（采购总监）

操　作　记　录

企业经营过程记录表
_____公司采购总监

起 始 年

企业经营流程 请按顺序执行下列各项操作	每执行完一项操作，采购总监（或助理）在相应方格中填写 材料收支情况															
新年度规划会议																
参加订货会/登记销售订单																
制订新年度计划																
支付应交税费																
	第一季度				第二季度				第三季度				第四季度			
原料库存台账	M1	M2	M3	M4	M1	M2	M3	M4	M1	M2	M3	M4	M1	M2	M3	M4
期初原料盘点（请填余额）																
更新短期借款/还本付息/申请短期借款（高利贷）																
更新应付款/归还应付款																
原料入库/更新原料订单																
下原料订单																
更新生产/完工入库																
投资新生产线/变卖生产线/生产线转产																
向其他企业购买原料/出售原料																
开始下一批生产																
更新应收款/应收款收现																
出售厂房																
向其他企业购买成品/出售成品																
按订单交货																
产品研发投资																
支付行政管理费																
其他现金收支情况登记																
支付租金/购买厂房																
支付利息/更新长期借款/申请长期借款																
支付设备维护费																
计提折旧												(	)			
新市场开拓/ISO认证投资																
原料入库合计																
原料出库合计																
期末原料对账（请填余额）																
结账																

第 一 年

企业经营流程 请按顺序执行下列各项操作	每执行完一项操作，采购总监（或助理）在相应方格中填写 材料收支情况															
新年度规划会议																
参加订货会/登记销售订单																
制订新年度计划																
支付应交税费																
	第一季度				第二季度				第三季度				第四季度			
原料库存台账	M1	M2	M3	M4	M1	M2	M3	M4	M1	M2	M3	M4	M1	M2	M3	M4
期初原料盘点（请填余额）																
更新短期借款/还本付息/申请短期借款（高利贷）																
更新应付款/归还应付款																
原料入库/更新原料订单																
下原料订单																
更新生产/完工入库																
投资新生产线/变卖生产线/生产线转产																
向其他企业购买原料/出售原料																
开始下一批生产																
更新应收款/应收款收现																
出售厂房																
向其他企业购买成品/出售成品																
按订单交货																
产品研发投资																
支付行政管理费																
其他现金收支情况登记																
支付租金/购买厂房																
支付利息/更新长期借款/申请长期借款																
支付设备维护费																
计提折旧												（ ）			
新市场开拓/ISO认证投资																
原料入库合计																
原料出库合计																
期末原料对账（请填余额）																
结账																

第 二 年

企业经营流程 请按顺序执行下列各项操作	每执行完一项操作，采购总监（或助理）在相应方格中填写材料收支情况															
新年度规划会议																
参加订货会/登记销售订单																
制订新年度计划																
支付应交税费																
	第一季度				第二季度				第三季度				第四季度			
原料库存台账	M1	M2	M3	M4	M1	M2	M3	M4	M1	M2	M3	M4	M1	M2	M3	M4
期初原料盘点（请填余额）																
更新短期借款/还本付息/申请短期借款（高利贷）																
更新应付款/归还应付款																
原料入库/更新原料订单																
下原料订单																
更新生产/完工入库																
投资新生产线/变卖生产线/生产线转产																
向其他企业购买原料/出售原料																
开始下一批生产																
更新应收款/应收款收现																
出售厂房																
向其他企业购买成品/出售成品																
按订单交货																
产品研发投资																
支付行政管理费																
其他现金收支情况登记																
支付租金/购买厂房																
支付利息/更新长期借款/申请长期借款																
支付设备维护费																
计提折旧												（　　）			
新市场开拓/ISO认证投资																
原料入库合计																
原料出库合计																
期末原料对账（请填余额）																
结账																

第 三 年

企业经营流程 请按顺序执行下列各项操作	每执行完一项操作，采购总监（或助理）在相应方格中填写材料收支情况			
新年度规划会议				
参加订货会/登记销售订单				
制订新年度计划				
支付应交税费				
	第一季度	第二季度	第三季度	第四季度
原料库存台账	M1 M2 M3 M4	M1 M2 M3 M4	M1 M2 M3 M4	M1 M2 M3 M4
期初原料盘点（请填余额）				
更新短期借款/还本付息/申请短期借款（高利贷）				
更新应付款/归还应付款				
原料入库/更新原料订单				
下原料订单				
更新生产/完工入库				
投资新生产线/变卖生产线/生产线转产				
向其他企业购买原料/出售原料				
开始下一批生产				
更新应收款/应收款收现				
出售厂房				
向其他企业购买成品/出售成品				
按订单交货				
产品研发投资				
支付行政管理费				
其他现金收支情况登记				
支付租金/购买厂房				
支付利息/更新长期借款/申请长期借款				
支付设备维护费				
计提折旧			( )	
新市场开拓/ISO认证投资				
原料入库合计				
原料出库合计				
期末原料对账（请填余额）				
结账				

第 四 年

企业经营流程 请按顺序执行下列各项操作	每执行完一项操作，采购总监（或助理）在相应方格中填写材料收支情况			
新年度规划会议				
参加订货会/登记销售订单				
制订新年度计划				
支付应交税费				
	第一季度	第二季度	第三季度	第四季度
原料库存台账	M1 M2 M3 M4	M1 M2 M3 M4	M1 M2 M3 M4	M1 M2 M3 M4
期初原料盘点（请填余额）				
更新短期借款/还本付息/申请短期借款（高利贷）				
更新应付款/归还应付款				
原料入库/更新原料订单				
下原料订单				
更新生产/完工入库				
投资新生产线/变卖生产线/生产线转产				
向其他企业购买原料/出售原料				
开始下一批生产				
更新应收款/应收款收现				
出售厂房				
向其他企业购买成品/出售成品				
按订单交货				
产品研发投资				
支付行政管理费				
其他现金收支情况登记				
支付租金/购买厂房				
支付利息/更新长期借款/申请长期借款				
支付设备维护费				
计提折旧			（ ）	
新市场开拓/ISO认证投资				
原料入库合计				
原料出库合计				
期末原料对账（请填余额）				
结账				

第 五 年

企业经营流程 请按顺序执行下列各项操作	每执行完一项操作，采购总监（或助理）在相应方格中填写材料收支情况															
新年度规划会议																
参加订货会/登记销售订单																
制订新年度计划																
支付应交税费																
	第一季度				第二季度				第三季度				第四季度			
原料库存台账	M1	M2	M3	M4	M1	M2	M3	M4	M1	M2	M3	M4	M1	M2	M3	M4
期初原料盘点（请填余额）																
更新短期借款/还本付息/申请短期借款（高利贷）																
更新应付款/归还应付款																
原料入库/更新原料订单																
下原料订单																
更新生产/完工入库																
投资新生产线/变卖生产线/生产线转产																
向其他企业购买原料/出售原料																
开始下一批生产																
更新应收款/应收款收现																
出售厂房																
向其他企业购买成品/出售成品																
按订单交货																
产品研发投资																
支付行政管理费																
其他现金收支情况登记																
支付租金/购买厂房																
支付利息/更新长期借款/申请长期借款																
支付设备维护费																
计提折旧												(	)			
新市场开拓/ISO认证投资																
原料入库合计																
原料出库合计																
期末原料对账（请填余额）																
结账																

第 六 年

企业经营流程 请按顺序执行下列各项操作	每执行完一项操作，采购总监（或助理）在相应方格中填写材料收支情况			
新年度规划会议				
参加订货会/登记销售订单				
制订新年度计划				
支付应交税费				
	第一季度	第二季度	第三季度	第四季度
原料库存台账	M1 M2 M3 M4	M1 M2 M3 M4	M1 M2 M3 M4	M1 M2 M3 M4
期初原料盘点（请填余额）				
更新短期借款/还本付息/申请短期借款（高利贷）				
更新应付款/归还应付款				
原料入库/更新原料订单				
下原料订单				
更新生产/完工入库				
投资新生产线/变卖生产线/生产线转产				
向其他企业购买原料/出售原料				
开始下一批生产				
更新应收款/应收款收现				
出售厂房				
向其他企业购买成品/出售成品				
按订单交货				
产品研发投资				
支付行政管理费				
其他现金收支情况登记				
支付租金/购买厂房				
支付利息/更新长期借款/申请长期借款				
支付设备维护费				
计提折旧			（ ）	
新市场开拓/ISO认证投资				
原料入库合计				
原料出库合计				
期末原料对账（请填余额）				
结账				

第 七 年

企业经营流程 请按顺序执行下列各项操作	每执行完一项操作，采购总监（或助理）在相应方格中填写 材料收支情况															
新年度规划会议																
参加订货会/登记销售订单																
制订新年度计划																
支付应交税费																
	第一季度				第二季度				第三季度				第四季度			
原料库存台账	M1	M2	M3	M4	M1	M2	M3	M4	M1	M2	M3	M4	M1	M2	M3	M4
期初原料盘点（请填余额）																
更新短期借款/还本付息/申请短期借款（高利贷）																
更新应付款/归还应付款																
原料入库/更新原料订单																
下原料订单																
更新生产/完工入库																
投资新生产线/变卖生产线/生产线转产																
向其他企业购买原料/出售原料																
开始下一批生产																
更新应收款/应收款收现																
出售厂房																
向其他企业购买成品/出售成品																
按订单交货																
产品研发投资																
支付行政管理费																
其他现金收支情况登记																
支付租金/购买厂房																
支付利息/更新长期借款/申请长期借款																
支付设备维护费																
计提折旧													（ ）			
新市场开拓/ISO认证投资																
原料入库合计																
原料出库合计																
期末原料对账（请填余额）																
结账																

（　　　　）公司采购登记表

第一年	第一季度				第二季度				第三季度				第四季度			
原料	M1	M2	M3	M4	M1	M2	M3	M4	M1	M2	M3	M4	M1	M2	M3	M4
订购数量																
采购入库																
第二年	第一季度				第二季度				第三季度				第四季度			
原料	M1	M2	M3	M4	M1	M2	M3	M4	M1	M2	M3	M4	M1	M2	M3	M4
订购数量																
采购入库																
第三年	第一季度				第二季度				第三季度				第四季度			
原料	M1	M2	M3	M4	M1	M2	M3	M4	M1	M2	M3	M4	M1	M2	M3	M4
订购数量																
采购入库																
第四年	第一季度				第二季度				第三季度				第四季度			
原料	M1	M2	M3	M4	M1	M2	M3	M4	M1	M2	M3	M4	M1	M2	M3	M4
订购数量																
采购入库																
第五年	第一季度				第二季度				第三季度				第四季度			
原料	M1	M2	M3	M4	M1	M2	M3	M4	M1	M2	M3	M4	M1	M2	M3	M4
订购数量																
采购入库																
第六年	第一季度				第二季度				第三季度				第四季度			
原料	M1	M2	M3	M4	M1	M2	M3	M4	M1	M2	M3	M4	M1	M2	M3	M4
订购数量																
采购入库																
第七年	第一季度				第二季度				第三季度				第四季度			
原料	M1	M2	M3	M4	M1	M2	M3	M4	M1	M2	M3	M4	M1	M2	M3	M4
订购数量																
采购入库																

2.8 人力资源总监附加用表

操 作 记 录

人力资源总监附加用表
_____公司人力资源总监

1）组织结构设计（不够可另附页）

_____
_____
_____
_____
_____

2）岗位职责界定（不够可另附页）

_____
_____
_____
_____
_____

3）考核方案制订（不够可另附页）

_____
_____
_____
_____
_____
_____

4）记录每个成员的出勤情况

年份	首席执行官	首席运营官	财务总监	营销总监	生产总监	采购总监	人力资源总监	…
起始年								
第一年								
第二年								
第三年								
第四年								
第五年								
第六年								
第七年								

5）记录每个成员在企业运营中出错的情况

_____
_____
_____

6）记录团队成员获裁判组奖励的情况

7）记录团队成员受裁判组处罚的情况

8）其他

9）对团队成员的参与度与贡献度提出综合排名建议

（说明：此排名建议提交首席执行官做最终决定后交指导教师，首席执行官本人不参加此排名，其成绩由指导教师直接给出）

第三篇
总结篇

只有善于思考和总结的人，才能获得最大的收获。

课程思政目标：基于社会主义核心价值观，运用马克思主义哲学思想，理论联系实际，反思企业经营沙盘模拟实训中的各种问题，加深对习近平新时代中国特色社会主义思想的理解和认识。

3.0　开篇语

竞赛的过程是热闹的，但真正的收获与提高是在竞赛后的总结和交流中。经过了3天模拟7年的经营后，及时、认真地总结、反思是必要的。赢要知道赢在哪，输也要知道输在哪。赢者也会有失误的地方，输者也会有精彩的地方。只有能够挖掘出成败背后的原因的人，才是真正的赢家。如果受训者能在模拟操作的基础上进行深刻的反思与总结，不仅知道赢在哪还知道为什么会赢，不仅知道输在哪还知道为什么会输，就会学到知识、获得提升，这样不管赢与输，都是赢家——真正的赢家。

竞赛从来都不是目的，通过竞赛最大限度地发挥自己的长处，才是最有价值的。从这个角度来说，只要你尽了最大的努力，不管你是赢了竞赛还是输了竞赛，你都是赢家。竞赛带给我们的是启迪，是思考。只有实践才能真正检验出我们学到了什么，才能真正超越自己。

竞赛结束后，你肯定有很多感想，知识和技能也装了一箩筐，虽然可能仅仅是知识点。你可能会有些许遗憾，因为总是匆忙行动而来不及运用刚学到的知识，或是想当然地认为应该怎么做而忽略了本竞赛的市场规则和企业运营规则，从而导致经营出错或竞赛失利。你可能还有一个小小的愿望：假如可以重新来……

那么，就开动你的脑筋，拿起你的笔，记录下你的反思和总结吧！

3.1 受训者日常记录

　　成长在于积累。笔记是积累的一种方式，这种方式最笨，也最有效。笔记记录了你的发现、你的感悟、你的成长。把这些内容收集起来，它们是你的财富，也是你永久的珍藏。

第一年小结

1.学会了什么？
2.企业经营中较顺利的环节是什么？
3.企业经营中遇到的困难是什么？
4.下一年将如何改进？

第二年小结

1.学会了什么？

2.企业经营中较顺利的环节是什么？

3.企业经营中遇到的困难是什么？

4.下一年将如何改进？

第三年小结

1.学会了什么?

2.企业经营中较顺利的环节是什么?

3.企业经营中遇到的困难是什么?

4.下一年将如何改进?

第四年小结

1.学会了什么？

2.企业经营中较顺利的环节是什么？

3.企业经营中遇到的困难是什么？

4.下一年将如何改进？

第五年小结

1.学会了什么？

2.企业经营中较顺利的环节是什么？

3.企业经营中遇到的困难是什么？

4.下一年将如何改进？

第六年小结

1.学会了什么?

2.企业经营中较顺利的环节是什么?

3.企业经营中遇到的困难是什么?

4.下一年将如何改进?

第七年小结

1.你对经营成果满意吗？为什么？

2.本次训练中你有什么遗憾？

3.本次训练中你有什么经验和大家分享？

4.你对自己的团队有什么期望和建议？

3.2　对经营规划的再思考

企业经营的本质是盈利，那么我们不妨从"如何盈利"入手，逐级对以下问题进行探讨：

（1）利润不足是因为成本过高还是销售不足？

（2）如果是成本过高，找出控制成本的有效方法。

（3）如果是销售不足，分析是什么原因造成的。

（4）如果企业所处行业已经没有利润空间，则应尽早进行行业调整。

（5）如果通过市场分析，感觉企业的细分市场不够大，则要么增加投入，要么重新定位。

（6）如果既不是行业的问题，也不是市场的问题，那么问题应该出在管理上，这就需要细化管理，从内部改进。

（不够可另附页）

知识链接1

企业经营分析——基于企业战略的视角

在ERP沙盘模拟经营过程中，6个初始状态设置完全一样的企业，经过几年的经营，会出现不同的状态，有的高歌猛进，有的步履维艰，有的甚至已经破产倒闭……为什么会产生如此不同的结果呢？下面我们从企业战略的视角来做一个简要分析。

企业战略描述了一个企业打算如何实现自己的目标和使命。为什么需要战略，根本原因是资源有限，如何让有限的资源产生最高的收益，就是企业战略要解决的问题。企业战略分析的实质在于通过对企业自身以及企业所在行业或企业拟进入行业的分析，明确企业的定位及应采取的竞争策略，以权衡收益与风险，了解和掌握企业的发展潜力，特别是在企业价值创造或盈利方面的潜力。企业战略分析的内容主要包括企业自身的优劣势分析、外部环境如行业的机会与威胁分析，以及竞争策略的选择等。

对于ERP沙盘模拟经营而言，企业的初始状态设置是一样的，但不同的企业对风险的认识和承受能力是不同的，因此所进入的市场和所研发的产品也有所不同。当然，如果你的资源足够多，则你可以开辟所有市场并且研发所有产品，但非常不幸的是，你的资源不够！如果你从一开始就研发所有产品，同时开辟所有市场，那么你一定会因为现金断流而破产倒闭。这就是我们所说的资源有限，这也是我们需要战略的根本原因。你需要做出选择！

企业竞争策略主要包括低成本、差异化和专业化3种。由于系统的限制，在ERP沙盘模拟经营过程中主要涉及低成本和差异化2种策略。选择何种策略，直接决定了企业产品的利润空间，进而决定了企业在营销、融资、市场开发等方面的投入力度。

在ERP沙盘模拟经营过程中，各企业将面临本地、区域、国内、亚洲、国际5个市场和P系列的4种产品（P1、P2、P3、P4）。在不同的市场和不同的阶段，P系列4种产品的价格和市场需求量是不同的。为此，企业在制定市场开发战略时，应结合产品开发策略和企业生产能力进行综合考虑。

例如，企业重点生产P4产品，如果区域、国内和亚洲市场对P4产品的需求量很大，而国际市场对P4产品的需求量很小，那么企业应该回避国际市场，重点占领区域、国内和亚洲市场。

在实训过程中，我们看到很多团队在经营之初同时申请ISO 9000及ISO 14000认证，后期却仍然以P系列低端产品为主要产品，从而造成了认证成本的浪费，影响了企业的利润。

因此，企业必须及早确定竞争战略，并能根据竞争对手的策略、市场环境的变化进行调整，在CEO的带领下将竞争策略渗透到企业的运营过程中。各团队在实训结束后，应该回顾对企业战略的把握情况，分析得失。

知识链接2

企业经营分析——基于企业营销的视角

谁拥有市场，谁就拥有了主动权；而市场的获得又与各企业的市场分析和广告营销计划相关，并且要与生产相适应。下面我们简要分析广告投入产出比和市场占有率2个指标。

1.广告投入产出比

广告投入产出比是评价广告投入效率的指标。其计算公式为：

广告投入产出比=订单销售额÷广告费投入

广告投入产出比越大，说明企业的广告投放效率越高。这个指标能够告诉经营者本企业与竞争对手之间在广告投入策略上的差距，以警示经营者要深入分析市场和竞争对手，进而寻求取胜的突破口。

2.市场占有率

市场占有率表明了企业在市场中的地位。其计算公式为：

市场占有率=企业在某一特定市场的销售额÷该市场需求总额×100%

市场占有率越高，说明企业产品的销售情况越好。在产能允许的情况下，企业应尽可能地提高市场占有率。在企业的产、供、销各环节中，销售具有特别重要的意义，只有实现了销售，才能回笼资金、实现利润，才能形成一个完整的资金循环过程。

在ERP沙盘模拟经营过程中，市场占有率高的企业可以在下一年度用较少的广告费实现高额销售收入，企业至少要在某一个市场中牢牢占据市场老大的地位，才有获胜的可能。

需要注意的是，以上2个指标应该结合在一起分析。如果一个企业只有广告投入产出比高，但市场占有率不高，并不是一个好现象。只有2个指标都高，才是好状态。

知识链接3

企业经营分析——基于企业营运的视角

企业对资产的利用能力和利用效率从根本上决定了企业的经营状况和经济效益。资产周转速度越快，表明资产利用效率越高；反之，则表明资产利用效率越低。

评价企业营运能力常用的指标有存货周转率、应收账款周转率、流动资产周转率、固定资产周转率、总资产周转率等。下面我们主要介绍其中3个指标。

1.存货周转率

企业以货币资金购入生产经营所需材料，形成原料存货；然后将原料投入生产过程中进行加工，形成在制品存货；加工结束后则形成产品存货。企业通过销售取得货币资金，表示存货的一个循环完成。当存货从一种形态较快转化为另一种形态时，说明存货的周转速度较快。存货周转率是衡量企业销售能力及存货管理水平的综合性指标。其计算公式为：

存货周转率＝营业成本÷存货平均余额

存货平均余额＝（期初存货＋期末存货）÷2

公式中的"营业成本"可以从利润表中直接获得，期初与期末存货均可从资产负债表中由在制品、成品和原料3项相加所得。一般而言，存货周转率高，说明存货的占用水平低，流动性强，产品积压少，存货转化为现金和应收账款的速度快；存货周转率低，说明企业经营不善，产品滞销。当然，过高的存货周转率也可能说明企业的经营管理出现了问题，如存货水平不足，导致缺货或原料供应不足；采购批量较小，导致生产线闲置等。

2.应收账款周转率

应收账款周转率是评价应收账款流动性的一个重要财务指标，是一定时期内企业赊销收入净额和应收账款平均余额的比率。其计算公式为：

应收账款周转率＝赊销收入净额÷应收账款平均余额

应收账款平均余额＝（期初应收账款余额＋期末应收账款余额）÷2

公式中的"赊销收入净额"即利润表中的营业收入，期初应收账款余额及期末应收账款余额可从资产负债表中的应收账款项获得。该比率说明了年度内应收账款转化为现金的平均次数，反映了应收账款的变现速度和企业的收账效率。

在争取订单的过程中，应收账款的账期也是一个重要的考量标准。在销售额相同的情况下，应当选择账期短的订单。营销总监应该及早与财务总监沟通，进行取舍，避免账期过长带来额外的筹资成本，甚至使企业陷入财务困境。

3.固定资产周转率

固定资产周转率也称固定资产利用率，用以反映企业固定资产的周转效率。其计算公式如下：

固定资产周转率＝营业收入÷固定资产平均余额

固定资产平均余额＝（期初固定资产余额＋期末固定资产余额）÷2

公式中的"营业收入"可以从利润表中直接获得，期初固定资产余额和期末固定资产余额取自资产负债表中非流动资产合计项。该指标主要用于对厂房、生产线等固定资产的利用效率进行分析。

对固定资产的分析评价应当综合考虑各种因素：如果团队在期初变卖厂房进行融资，则固定资产平均余额自然会比较低；使用全自动生产线或柔性生产线较多的团队，其固定资产平均余额会高出平均水平。如果生产线昂贵，且没有取得预期的销售收入，则会导致固定资产周转率较低，说明企业的经营管理存在较大的问题。

3.3　改进工作思路

1）扩大销售

（1）提高产品和服务的质量，增加客户满意度。

（2）提供附加服务。

（3）市场渗透。

（4）开拓新市场。

（5）研发新产品、新技术。

（6）加强企业品牌宣传，改善企业及产品形象。

（7）集中资源，重点投放。

（8）并行工程。

（9）改造生产设备，提高产能。

（10）提高设备利用率。

……

2）降低成本

（1）消除生产过程中的一切浪费。

（2）考虑替代料。

（3）考虑委外加工。

（4）节约资源。

（5）寻求合作。

（6）规模化、标准化。

……

3.4　受训者总结

受训者总结提纲：

（1）简要描述所在企业的经营状况。

（2）分析所在企业成败的关键及原因。

（3）总结所担任角色的得与失。

（4）对所在企业下一步的发展提出意见和建议。

（不够可另附页）

3.5　经营竞赛交流

学习别人的长处，弥补自己的短处。各组派代表进行总结交流，不一定都是首席执行官，也可以是财务总监、营销总监、生产总监等不同角色；同时，允许其他人发言，作为补充。

（不够可另附页）

3.6　指导教师点评与分析

记录：

（不够可另附页）

3.7　参加大赛人员心得分享

学到精彩，体会残酷
盛明辉

ERP沙盘大赛通过直观的企业经营沙盘来模拟企业运营状况，让队员在分析市场、制定战略、组织生产、整体营销和财务管理等一系列活动中体会企业经营运作的全过程，认识到企业资源的有限性，从而深刻理解ERP的管理思想，领悟科学的管理规律，提升管理能力，同时真切地体会市场竞争的精彩与残酷，提前感受未来的财富人生，从而在以后的竞争中比别人多一些筹码，多一份从容和自信。

这个世界唯一不变的就是变化

曾经，许多ERP沙盘初学者都在苦苦思索一个问题：到底有没有一种战略可以确保我们常胜不败呢？然而，无数次实践证明，没有哪一种战略可以保证我们在任何时间、任何地点战胜任何对手。就战略本身而言，没有好坏与强弱之分（请参考阅读文章：《全面认识战略与战略决策》）。我们用此战略获得了这次比赛的胜利，下次比赛面对不同的竞争对手、不同的市场环境，这一战略很有可能不再有效。因此，我们在比赛中制定战略时，一定要随着对手和环境的变化而变化。有关战略，适合的才是最好的。

小公司的战略就两个词：活下来，挣钱！

先求生存，再求发展，这是所有企业必须遵循的规律。企业在开始运营阶段虽然可以获得一定的利润，但并不是很高，生存能力也不是很强。因此，在制定发展战略时，一定要与企业的实际相结合，保持适当的发展速度；否则，大举投入，全面开花，就会使不高的权益急剧下降，财务状况严重恶化，从而使企业陷入困境，甚至破产。这就是关于企业发展的"度"的问题（请参考阅读文章：《跑马圈地，以快制胜的误区》）。

企业战略的核心和重点在于保证企业发展过程中人、财、物的平衡与统一。具体而言，我们在制定战略时，既要反对裹足不前，又要反对盲目冒进，一定要考虑企业的权益和现金流状况。

小企业要有大胸怀

在比赛过程中，切不可闭门造车、偏安一隅，要有竞争的意识。我们在做好自己项目的同时，还要密切关注对手的动态和信息，树立"全局一盘棋"的思想。信息，在当今社会中扮演着越来越重要的角色，只有知己知彼，才能百战不殆。在比赛过程中，要注意广泛收集对手的信息，从全局的角度考虑企业的发展，从而真正实现信息为我所有并为我所用。

团队合作的基础是真诚和信任

团队的合作也符合"木桶理论"，即团队最终成绩如何并不取决于团队中的实力最强者，而是取决于团队中的实力最弱者。因此，团队一定要将最合适的人放在最合适的岗位上，从而把团队成员的效用发挥到极致。团队成员之间要彼此信任、相互理解，每个成员都要承担相应的责任，不但要为自己的错误承担责任，而且要做好准备为同伴的失误埋单。在顺境中，每个人都能发挥领导力；只有在逆境中，才能检验出一个人是否真正具有领导力。总经理作为团队领导者，必须具备良好的心理素质和协调能力。每个成员只有心怀宽容、全力以赴，才能真正组成一个和谐的、有战斗力的团队。

商场如战场，但商场不是战场

在战场上，只有你死，才能我活；而在商场上，你活着，我才可以活得更好。赛场就像一个没有硝烟的战场，但我们必须认识到赛场绝不是生死的战场。在商业实战中，打败对手从来都不是一种战略。在比赛过程中，企业之间的关系不是你死我活，但许多企业却选择了同归于尽，而不是互惠互利。比赛是一场游戏，更是一种艺术，在比赛中最重要的是向竞争者学习，这样才会进步。

我们一定要怀着一种正确的心态来对待比赛。用一种竞争的心态投入这场游戏，用一种游戏的心态来看待竞争的结果。比赛从来都不是目的，在比赛中获益和成长才是精髓所在。

（盛明辉是获得第四届"用友杯"全国大学生沙盘模拟经营大赛辽宁赛区一等奖团队的总经理，题目为编者所加）

3.8 他山之石

第五届"用友杯"全国大学生创业设计暨沙盘模拟经营大赛
全国总决赛冠军案例

第一年长期借款为0，短期借款每季度20M滚动；年初购买大厂房，上3条柔性生产线；研发P2、P3产品，第一年末P2产品研发完毕，P3产品研发4期；开发5个市场，即本地、区域、国内、亚洲、国际；ISO 9000认证第一期。

第二年初长期借款50M，短期借款每季度20M滚动；第一季度在大厂房上手工生产线2条，第二季度上全自动生产线1条，生产P2产品；将剩下2期P3产品研发完毕；继续开发国内、亚洲、国际市场；ISO 9000认证第二期。

第三年初长期借款30M，短期借款每季度20M滚动；租小厂房，第一季度上手工生产线2条；继续开发亚洲和国际市场；ISO 14000认证第一期。

第四年初长期借款40M，短期借款每季度20M滚动；继续租小厂房，第二季度在小厂房内新上1条全自动生产线，生产P3产品；第二季度开始研发P4产品，第四年共研发3期；继续开发国际市场；ISO 14000认证第二期。

第五年初长期借款30M，短期借款每季度20M滚动；第二季度在继续租用的小厂房内新上手工生产线1条；继续研发P4产品3期。

第六年初长期借款50M，短期借款每季度20M滚动；第一季度购买小厂房，第四季度出售第一年建成的3条柔性生产线和第二年建成的2条手工生产线。

企业战略规划表见表3-1。

表 3-1　　　　　　　　　　　　　　企业战略规划表

项　目	第一年				第二年			
	第一季度	第二季度	第三季度	第四季度	第一季度	第二季度	第三季度	第四季度
广告费	0				17M			
财务费用	0				4M			
长期借款	0				50M(5年)			
短期借款	20M	20M	20M	20M	20M	20M	20M	20M
厂房	40M (买大)							
生产线	3×5M (柔性)	3×5M	3×5M	3×5M	2×5M (手工)	1×5M (全自动, P2)	1×5M	1×5M
产品研发	P2 P3	P2 P3	P2 P3	P2 P3	P3	P3		
市场开拓	本地 区域 国内 亚洲 国际				国内 亚洲 国际			
ISO认证	ISO 9000(第一期)				ISO 9000(第二期)			
权益	46M				54M			
项　目	第三年				第四年			
	第一季度	第二季度	第三季度	第四季度	第一季度	第二季度	第三季度	第四季度
广告费	23M				27M			
财务费用	9M				12M			
长期借款	30M(5年)				40M(5年)			
短期借款	20M	20M	20M	20M	20M	20M	20M	20M
厂房	3M (租小)				3M (租小)			
生产线	2×5M (手工)				1×5M (全自动, P3)	1×5M	1×5M	
产品研发						P4	P4	P4
市场开拓	亚洲 国际				国际			
ISO认证	ISO 14000(第一期)				ISO 14000(第二期)			
权益	67M				74M			

续表

项　目	第五年				第六年			
	第一季度	第二季度	第三季度	第四季度	第一季度	第二季度	第三季度	第四季度
广告费	31M				48M			
财务费用	15M				19M			
长期借款	30M（5年）				50M（5年）			
短期借款	20M	20M	20M	20M	20M	20M	20M	20M
厂房	3M（租小）				30M（买小）			
生产线		1×5M（手工）						出售第一年建成的3条柔性生产线和第二年建成的2条手工生产线
产品研发	P4	P4	P4					
市场开拓								
ISO认证								
权益	102M				166M			

参考文献与推荐阅读书目

[1] 刘平. 用友 ERP 企业经营沙盘模拟实训手册 [M]. 7版. 大连：东北财经大学出版社，2023.

[2] 王新玲. ERP沙盘模拟高级指导教程 [M]. 5版. 北京：清华大学出版社，2023.

[3] 刘平. 约创云平台企业经营沙盘模拟实训手册 [M]. 大连：东北财经大学出版社，2021.

[4] 滕佳东. ERP沙盘模拟实训教程 [M]. 3版. 大连：东北财经大学出版社，2015.

[5] 刘平. 中教景程模拟企业经营（沙盘对抗）实训手册 [M]. 北京：清华大学出版社，2010.

[6] 刘平. 创业攻略：成功创业之路 [M]. 北京：中国经济出版社，2008.

[7] 刘平. 高成长企业的长赢基因 [J]. 经理人，2008（8）.

[8] 刘平. 贝塔斯曼：满身光环的失败者 [J]. 销售与市场，2008（23）.

[9] 刘平. 家世界的启示 [J]. 销售与市场，2007（1）.

[10] 王方华. 企业战略管理 [M]. 2版. 上海：复旦大学出版社，2007.

[11] 刘平. 到西部去淘金 [N]. 第一财经日报，2006-08-22（A2）.

[12] 刘平. 以快制胜的误区 [J]. 管理与财富，2006（12）.

[13] 刘平. 新华VS友邦：条条大路通罗马 [J]. 中外管理，2006（5）.

[14] 刘平. 新兴寿险公司的战略选择 [J]. 经理人，2006（4）.

[15] 刘平. 智能集团不"壮士断腕"的后果 [J]. 经理人，2006（5）.

[16] 刘平. 快速成长型企业的危机基因 [J]. 中外管理，2006（6）.

[17] 王新玲，柯明，耿锡润. ERP沙盘模拟学习指导书 [M]. 北京：电子工业出版社，2005.

[18] 刘平. 战略管理的辩证法：兼与金桥《战略管理十大悖论》一文商榷 [J]. 企业管理，2005（10）.

附录

附录1　2024年全国高等院校数智化企业经营沙盘大赛全国总决赛（本科组）案例资料

一、案例背景资料

TGL科技有限公司成立于1981年，总部位于中国广州，专注于智能科技产品的研发、制造和销售。公司主要产品包括电视机、冰箱、洗衣机、空调及智能家居设备。公司现拥有多个生产基地，致力于为用户提供高品质、智能化的家电产品。

多年来，TGL科技有限公司凭借卓越的创新能力和先进的技术，致力于为全球消费者提供智能、高效、环保的产品体验。公司坚持"科技以人为本"的理念，不断追求创新与可持续发展，提升品牌价值和市场影响力，为消费者创造更美好的生活环境。

TGL科技有限公司是全球家电行业的重要参与者之一，始终以高技术含量和多样化的产品赢得市场，多次获得"中国驰名商标""国际优质品牌"等荣誉。在智能电视领域，公司连续多年占据国内市场份额领先地位，还被评为"国家级高新技术企业""绿色制造示范企业"等。

公司目前正值数字化转型过程中，公司高层决定培养一支团队，以4年为考核期，希望团队利用自己的经验以及对数字化技术的理解，用公司的"液晶电视""投影电视""智能电视""LED大屏"4个系列产品打开国内市场、亚洲市场、欧洲市场、美洲市场，让公司产品立足于世界之林。

二、案例模块选择

营销部分：市场开拓、ISO认证、产品资质开发、促销管理、竞单管理、交付管理。

生产部分：设备管理、工人管理、库存管理、产品设计、特性研发。

人力部分：招聘管理、岗位管理、培训管理、激励管理。

财务部分：融资管理、应收账款管理、应付账款管理、费用管理、预算控制、报表管理。

数字化部分：网络营销（只包含营销大数据且无零售市场）、智能生产、智能招聘、风险监控。

思政部分：社会责任、碳达峰与碳中和。

三、规则说明

1.初始资金

团队初始资金为820 000元。

2.质量认证规则

质量认证规则见表1。

表1   质量认证规则

认证名称	认证编码	消耗金钱（元）	消耗时间（季）
ISO 9000	RZ1	30 000	2
ISO 14000	RZ2	50 000	3
ISO 26000	RZ3	90 000	5

3.市场开拓规则

市场开拓规则见表2。

表2   市场开拓规则

市场名称	编码	消耗金钱（元）	消耗时间（季）
国内市场	M1	20 000	1
亚洲市场	M2	30 000	2
欧洲市场	M3	40 000	3
美洲市场	M4	60 000	4

4.产品设计规则

产品设计规则见表3。

表3   产品设计规则

特性名称	编码	设计费用（元）	升级单位成本（元）	初始值	上限
超薄外观	T1	8 000	1 100	1	1 000
高清显示	T2	9 000	1 400	1	1 000
家庭影院	T3	1 2 000	1 800	1	1 000

5.原材料规则

原材料规则见表4。

表4   原材料规则

材料名称	编码	基础价格 （元）	数量	送货周期 （季）	账期 （季）
电路板	R1	200	500 000	1	0
金属外壳	R2	300	500 000	1	0
显像管	R3	400	500 000	1	0
电视面板	R4	500	500 000	2	0
光学透镜	R5	600	500 000	2	0

6.产品图纸规则

产品图纸规则见表5。

表5   产品图纸规则

产品名称	产品编号	碳排放量	开产费用 （元）	产品成本 （元）	R1	R2	R3	R4	R5
液晶电视	P1	4	0	1 300	1	1	2	0	0
投影电视	P2	3	0	2 700	1	1	1	1	2
智能电视	P3	3	0	3 800	0	3	3	1	2
LED大屏	P4	5	0	5 100	0	4	4	2	3

7.产品生产资质规则

产品生产资质规则见表6。

表6   产品生产资质规则

资质名称	消耗资金（元）	消耗时间（季）
液晶电视	30 000	1
投影电视	50 000	1
智能电视	60 000	3
LED大屏	70 000	4

8.生产线规则

生产线规则见表7。

表7   生产线规则

线型名称	购买价格 （元）	安装周期 （季）	生产周期 （季）	产量	转产周期 （季）	转产价格 （元）
传统线	50 000	0	2	30	0	5 000
自动线	150 000	1	1	20	1	10 000
智能线	300 000	2	1	20	0	0

线型名称	残值 （元）	维修费用 （元）	初级工 人数	高级工 人数	碳排放量	折旧年限
传统线	6 000	5 000	2	1	80	4
自动线	20 000	15 000	0	1	50	4
智能线	40 000	20 000	0	2	30	4

9.资产处理规则

资产处理规则见表8。

表8　　　　　　　　　　　资产处理规则

资产名称	资产编码	处理价格（元）
产品	1	0.8
原料	2	0.8

10.工人招聘规则

工人招聘规则见表9。

表9　　　　　　　　　　　工人招聘规则

名称	编码	初始期望工资（元）	计件工资（元）	每季度数量	效率（%）
初级工	GR1	3 000	50	20	60
高级工	GR2	8 000	150	20	60

11.工人培训规则

工人培训规则见表10。

表10　　　　　　　　　　　工人培训规则

培训名称	消耗现金（元）	消耗时间（季）	原岗位	培训后岗位	工资涨幅（%）
升级培训	5 000	1	GR1	GR2	100

12.贷款规则

贷款规则见表11。

表11　　　　　　　　　　　贷款规则

贷款名称	贷款编码	额度上限（倍）	贷款时间（季）	还款方式	利率（%）
直接融资	DK1	3	1	本息同还	4
短期银行融资	DK2	3	4	本息同还	12
长期银行融资	DK3	3	8	每季付息，到期还本	2

13.贴现规则

贴现规则见表12。

表12　　　　　　　　　　　贴现规则

名称	编码	收款期（季）	贴息（%）
4季贴现	TX1	4	7
3季贴现	TX2	3	5
2季贴现	TX3	2	4
1季贴现	TX4	1	2

14.费用规则

费用规则见表13。

表13　　　　　　　　　　　　　　　费用规则

费用名称	费用编码	费用金额（元）
管理费用	FX1	4 000

15.基本规则

基本规则见表14。

表14　　　　　　　　　　　　　　　基本规则

规则名称	规则编号	规则值
违约金	GZ1	40%
税率	GZ2	25%
碳中和费用	GZ3	20元
咨询费	GZ4	8 000元
生产线上限	GZ5	16
材料紧急采购倍数	GZ6	2倍
产成品紧急采购倍数	GZ7	4倍
初始碳排放量	GZ8	4 000

16.班次规则

班次规则见表15。

表15　　　　　　　　　　　　　　　班次规则

班次名称	班次编码	产量加成（倍）	效率损失（%）
8时制	BC1	1	2
12时制	BC2	1.3	60

17.员工激励规则

员工激励规则见表16。

表16　　　　　　　　　　　　　　员工激励规则

激励名称	编码	提升效率比例（%）
奖金激励	JL1	20
涨薪激励	JL2	120

18.数字化规则

数字化规则见表17。

表17　　　　　　　　　　　　　　　数字化规则

岗位名称	消耗金钱（元）	消耗时间（季）
营销总监	30 000	4
生产总监	100 000	6
人力资源总监	50 000	4
财务总监	50 000	4

四、市场调研

市场调研情况见表18。

表18　　　　　　　　　　　市场调研情况

时间	市场	产品	特性	总量	平均价格（元）
第一年第二季度	国内市场	液晶电视	超薄外观	3 440	4 779
		液晶电视	高清显示	3 360	5 019
		液晶电视	家庭影院	1 480	5 226
		投影电视	高清显示	3 240	8 001
		投影电视	家庭影院	3 600	8 290
第一年第三季度	亚洲市场	液晶电视	超薄外观	4 000	4 152
		液晶电视	高清显示	4 000	4 035
		投影电视	超薄外观	5 000	7 550
		投影电视	高清显示	5 000	7 651
第二年第一季度	国内市场	液晶电视	超薄外观	2 160	4 800
		液晶电视	高清显示	2 640	5 300
		投影电视	高清显示	2 200	7 885
		投影电视	家庭影院	2 000	9 000
		智能电视	高清显示	1 920	10 176
		智能电视	家庭影院	1 760	11 500
		LED大屏	高清显示	2 080	14 355
		LED大屏	家庭影院	2 200	15 326
	亚洲市场	液晶电视	超薄外观	3 600	4 656
		液晶电视	高清显示	4 700	5 141
		投影电视	超薄外观	6 480	7 067
		投影电视	高清显示	5 700	7 610
	欧洲市场	液晶电视	家庭影院	1 760	5 859
		智能电视	超薄外观	2 200	10 600
		智能电视	家庭影院	1 920	12 573
		LED大屏	高清显示	2 440	15 200
		LED大屏	家庭影院	2 200	15 434
第二年第二季度	美洲市场	投影电视	家庭影院	6 000	7 603
		智能电视	超薄外观	6 000	9 646
		智能电视	家庭影院	6 000	10 446
		LED大屏	高清显示	6 000	13 000
		LED大屏	家庭影院	6 000	13 530

续表

时间	市场	产品	特性	总量	平均价格（元）
第三年 第一季度	国内市场	液晶电视	超薄外观	4 400	4 320
		投影电视	高清显示	4 800	7 885
		智能电视	家庭影院	2 440	11 500
		LED大屏	超薄外观	3 000	14 220
	亚洲市场	液晶电视	超薄外观	4 400	4 800
		液晶电视	高清显示	3 300	4 823
		投影电视	超薄外观	3 960	7 275
		投影电视	高清显示	2 880	7 553
		LED大屏	高清显示	3 400	14 220
	欧洲市场	智能电视	超薄外观	3 300	10 176
		智能电视	家庭影院	2 160	11 811
		LED大屏	超薄外观	3 640	14 195
		LED大屏	家庭影院	3 200	15 400
	美洲市场	智能电视	高清显示	4 200	10 904
		LED大屏	家庭影院	3 880	16 008
		LED大屏	高清显示	3 400	15 660
第三年 第二季度	亚洲市场	投影电视	超薄外观	6 600	7 200
		智能电视	家庭影院	6 000	10 010
		LED大屏	超薄外观	8 600	12 880
	欧洲市场	LED大屏	高清显示	8 600	13 880
	美洲市场	LED大屏	家庭影院	8 600	14 880
第四年 第一季度	国内市场	液晶电视	高清显示	2 700	5 141
		投影电视	超薄外观	2 700	7 500
		智能电视	家庭影院	2 700	10 580
		LED大屏	高清显示	4 300	15 326
		LED大屏	超薄外观	4 800	14 326
	亚洲市场	液晶电视	超薄外观	3 800	5 512
		液晶电视	高清显示	3 600	6 194
		投影电视	超薄外观	3 600	7 425

附录2　S+Cloud数智企业经营管理沙盘操作指南

一、教师操作

教师建立实训或比赛的步骤如下：

首先，点击"案例开发"→"新建案例"，建立学校信息，如图1所示。

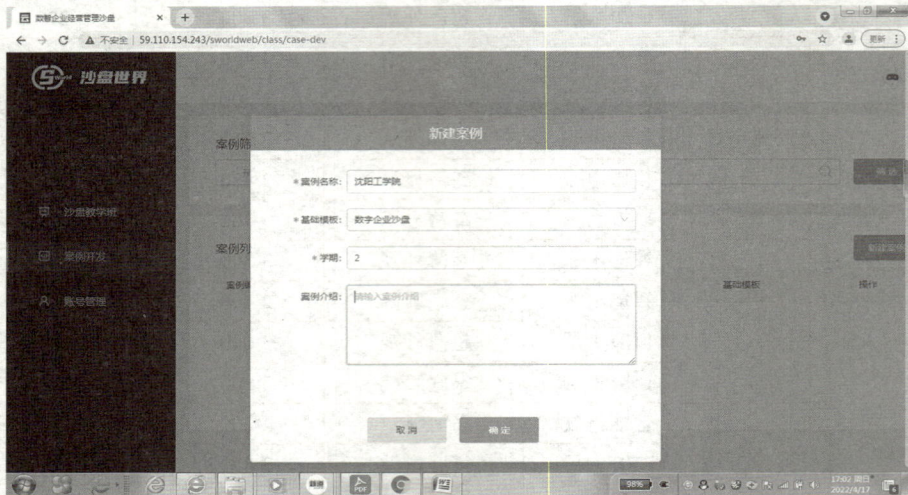

图1　建立学校信息

其次，点击"沙盘教学班"→"新建班级"，建立教学班信息，如图2所示。

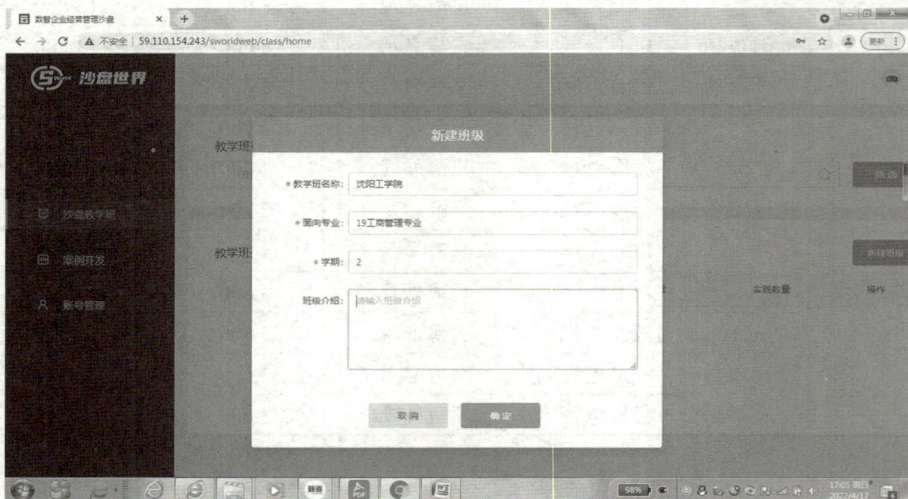

图2　建立教学班信息

最后，通过"教学班筛选"（如图3所示），进入班级。

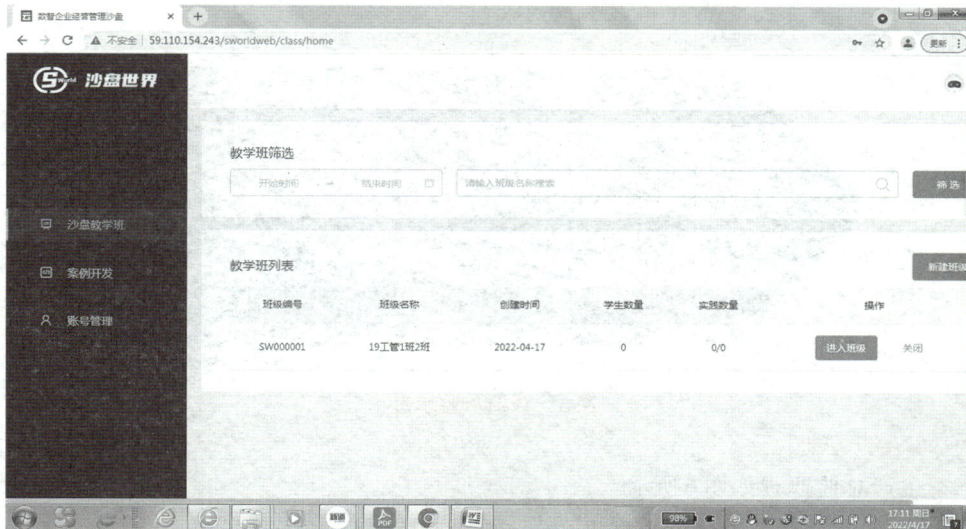

图3 教学班筛选

二、主要角色及其职责

1.首席执行官

首席执行官职责如图4所示。

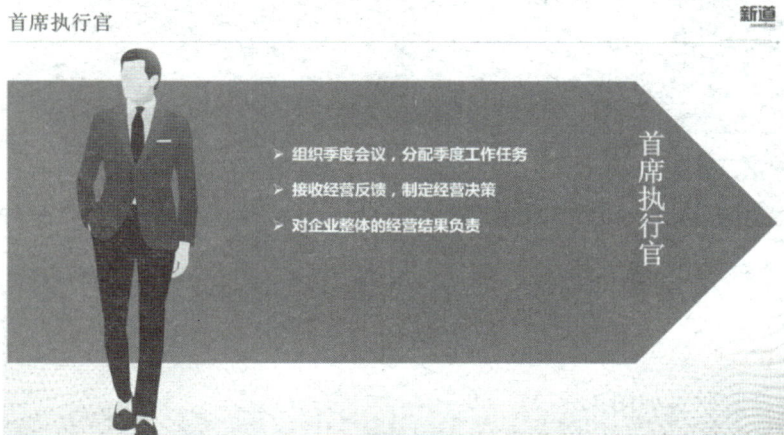

图4 首席执行官职责

2.营销总监

营销总监职责如图5所示。

营销总监

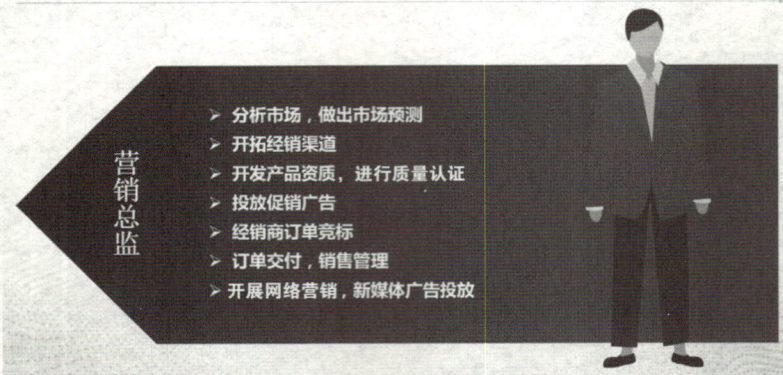

图5　营销总监职责

3.生产总监
生产总监职责如图6所示。

生产总监

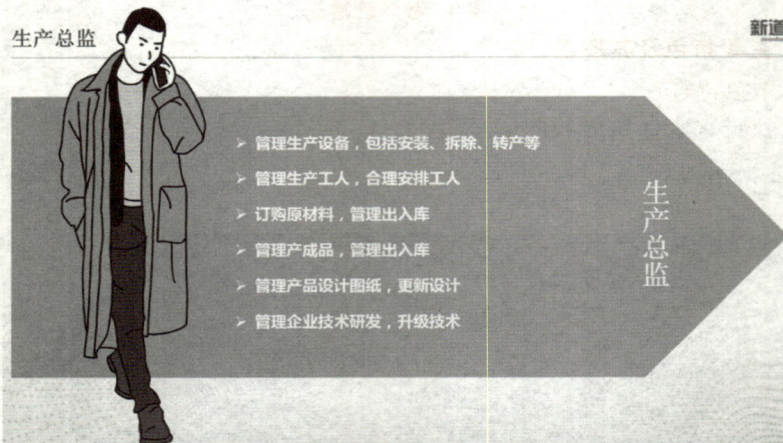

图6　生产总监职责

4.财务总监
财务总监职责如图7所示。

5.人力资源总监
人力资源总监职责如图8所示。

财务总监

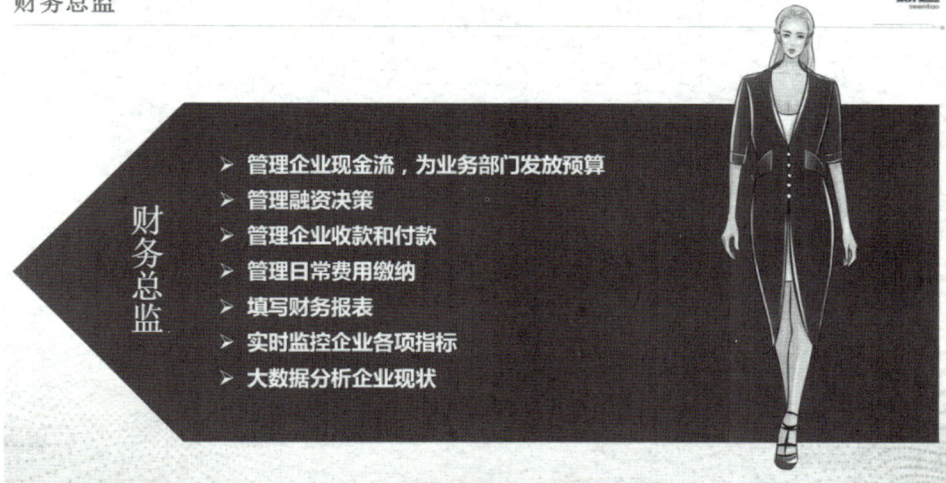

图 7　财务总监职责

人力资源总监

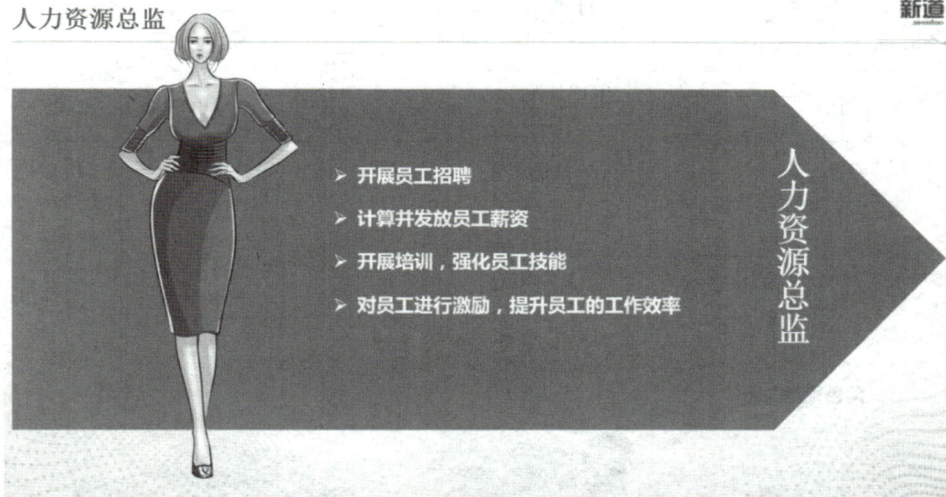

图 8　人力资源总监职责

三、企业经营管理画布

企业经营管理画布如图 9 所示。

四、企业经营流程

企业经营流程如图 10 所示。

五、数智沙盘中各角色之间的关系

数智沙盘中各角色之间的关系如图 11 所示。

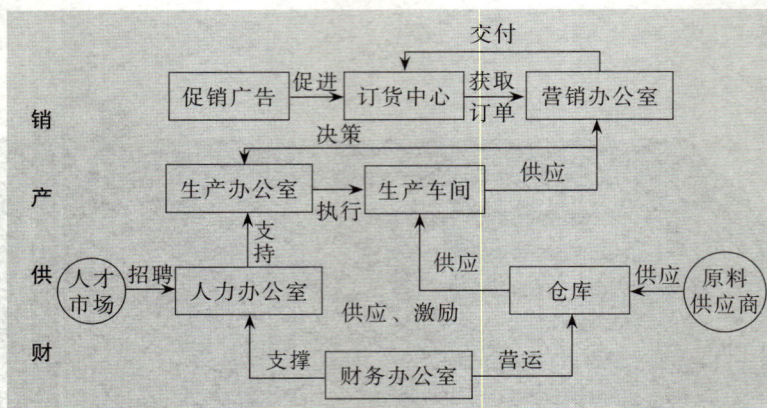

图9　企业经营管理画布

企业经营流程

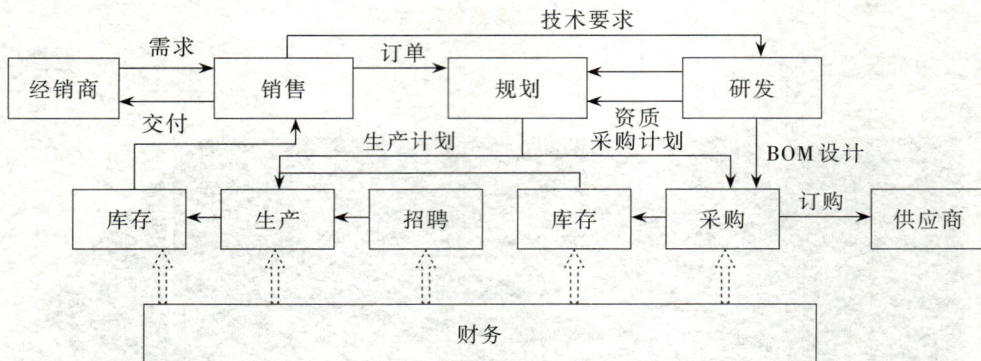

图10　企业经营流程

角色管理关系

图11　数智沙盘中各角色之间的关系

六、总经理界面

数智沙盘中的总经理界面如图12所示。

图12　总经理界面

注意：数智沙盘中只有4个操作角色，分别是财务总监、人力资源总监、生产总监和营销总监，如图12右侧4个按钮所示，并没有总经理的具体操作界面，总经理的职能分散在以上4个操作角色中。

七、各角色的具体操作

1.财务总监

财务总监的工作主要包括融资管理、应收账款管理、应付账款管理、费用管理、预算控制和报表管理。

（1）在数智沙盘中，在总经理界面，首先由财务总监创建企业。企业名称、行业类型、企业愿景、企业宣言等内容经团队成员商定后，由财务总监录入，如图13所示。

图13　创建企业

（2）财务总监进行融资管理，如图14所示。贷不贷款、贷多少款，选择直接融资还是间接融资，选择长期银行融资还是短期银行融资等，均由财务总监进行操作。

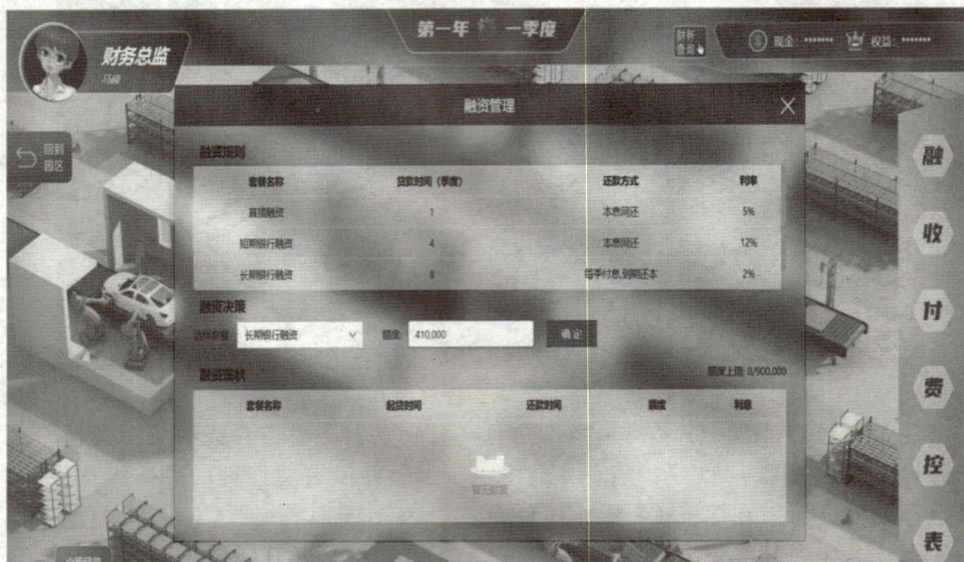

图14 融资管理

（3）财务总监进行应收账款管理，如图15所示。财务总监负责收应收账款，或进行应收账款贴现等。

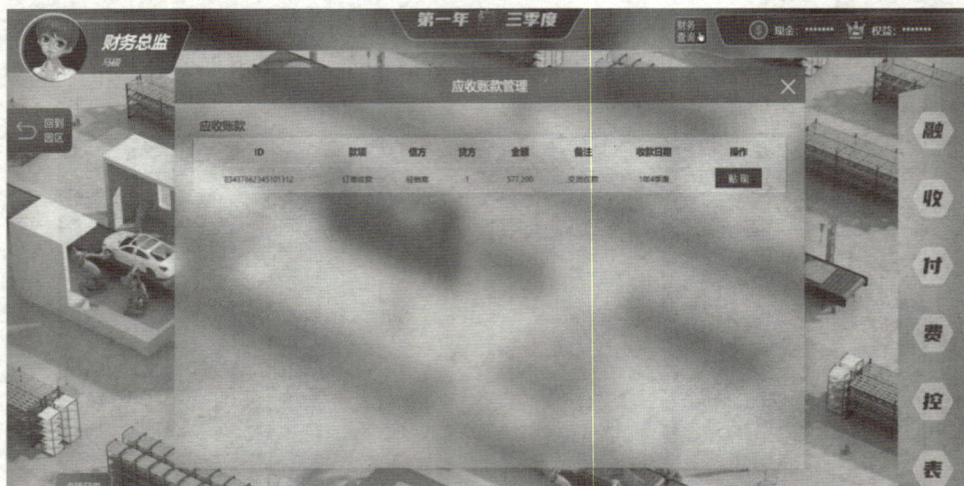

图15 应收账款管理

（4）财务总监进行应付账款管理，如图16所示。财务总监负责支付应付账款。

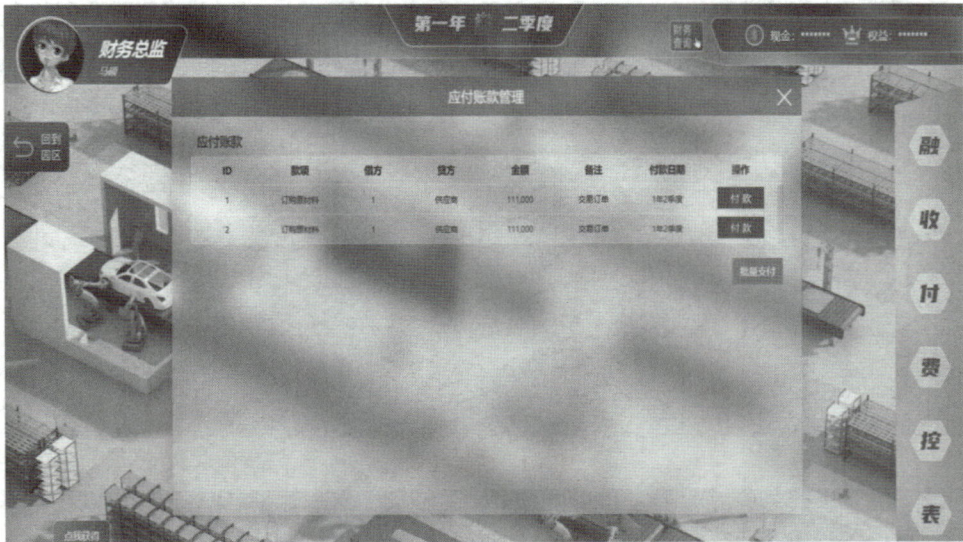

图16　应付账款管理

（5）财务总监进行费用管理，如图17所示。财务总监负责缴纳各种财务费用和管理费用。

图17　费用管理

（6）财务总监进行预算控制，如图18所示。各部门如果需要使用经费，必须向财务总监提出申请。

（7）财务总监进行报表管理，如图19所示。

2.营销总监

营销总监界面如图20所示。营销总监负责渠道管理、产品管理、促销管理、竞单管理和交付管理，见图20右侧5个按钮。

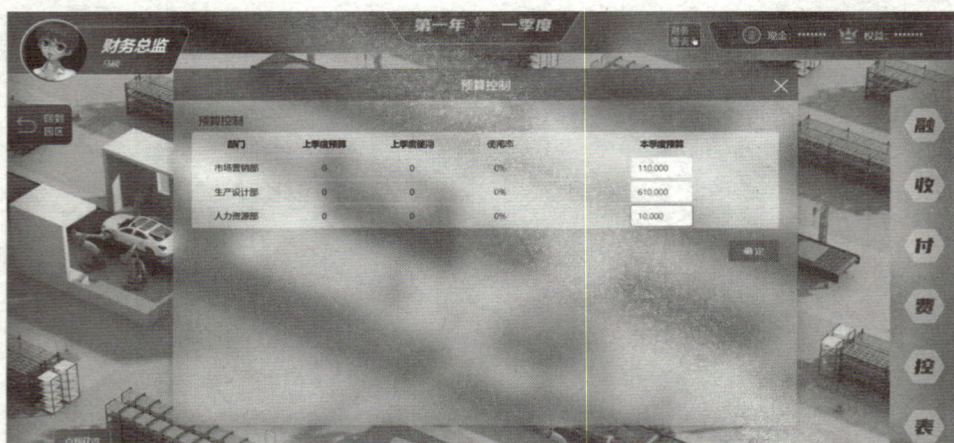

图18 预算控制

图19 报表管理

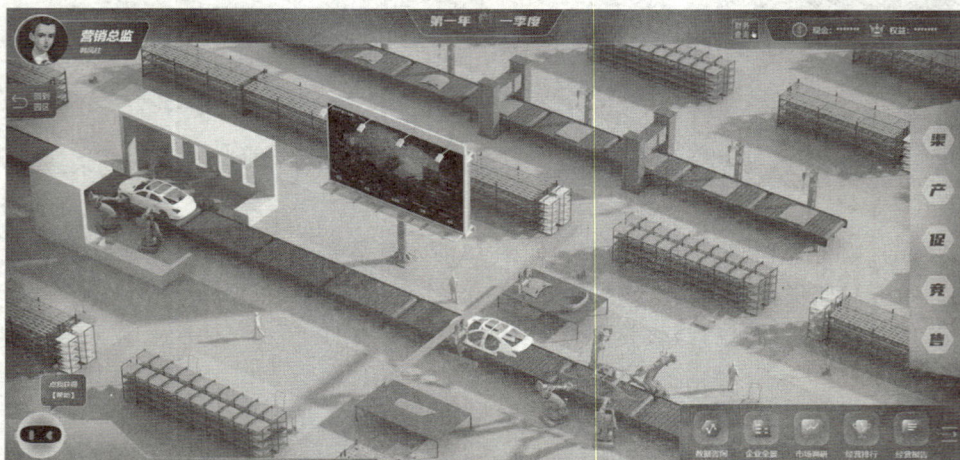

图20 营销总监界面

（1）营销总监进行渠道管理，如图21所示。开发什么市场、什么时候进行开发等都由营销总监进行操作。

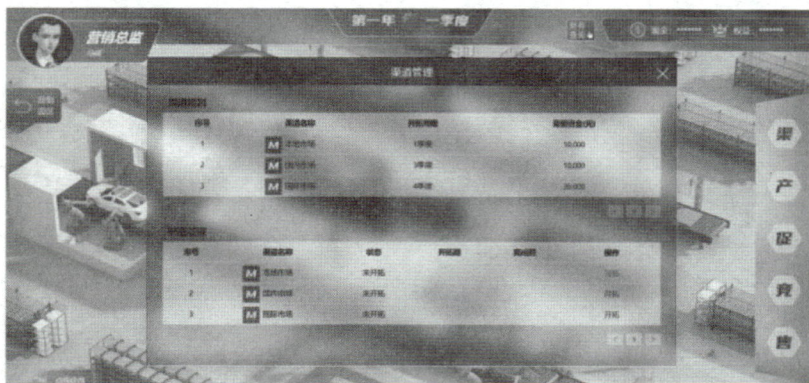

图21　渠道管理

（2）营销总监进行产品管理。开发什么产品、什么时候进行开发等都由营销总监进行操作。产品管理包括两个方面：一是产品资质管理，如图22所示；二是 ISO 认证管理，如图23所示。

图22　产品管理——产品资质管理

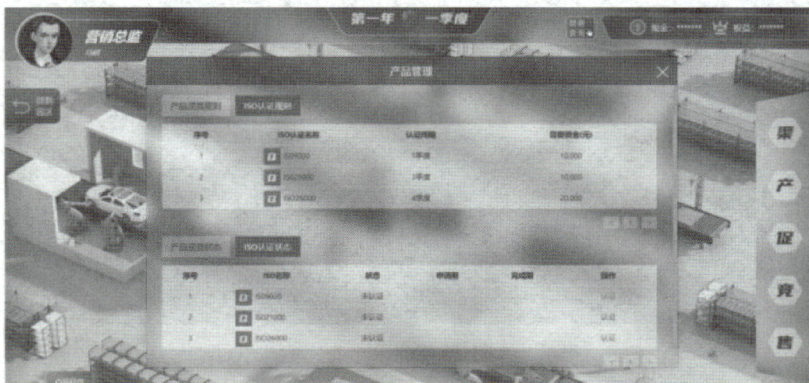

图23　产品管理——ISO认证管理

（3）营销总监进行促销管理，如图24所示。投放多少广告、在哪个市场投放广告等都由营销总监进行操作。

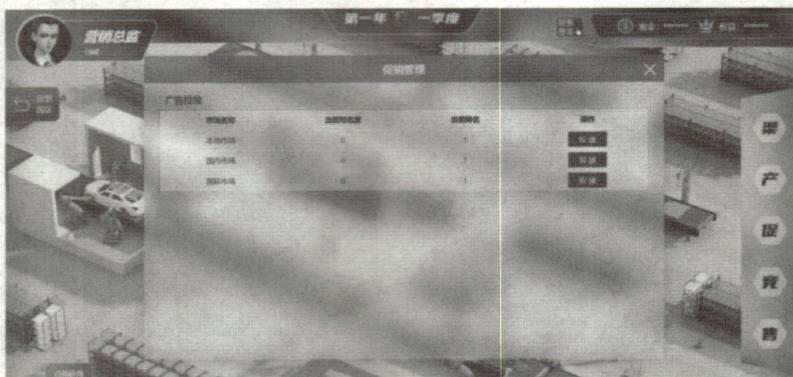

图24　促销管理

（4）营销总监进行竞单管理，如图25所示。

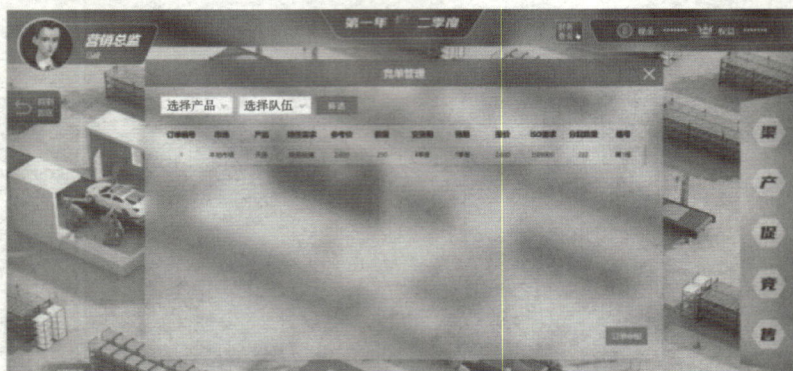

图25　竞单管理

其中，订单申报如图26所示。

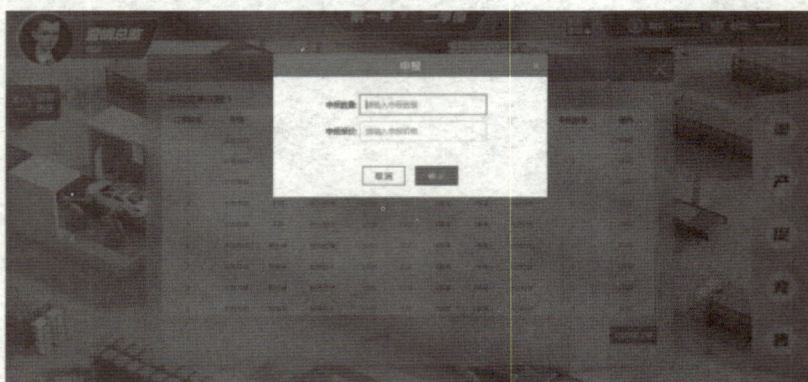

图26　订单申报

（5）营销总监进行交付管理，如图27所示。

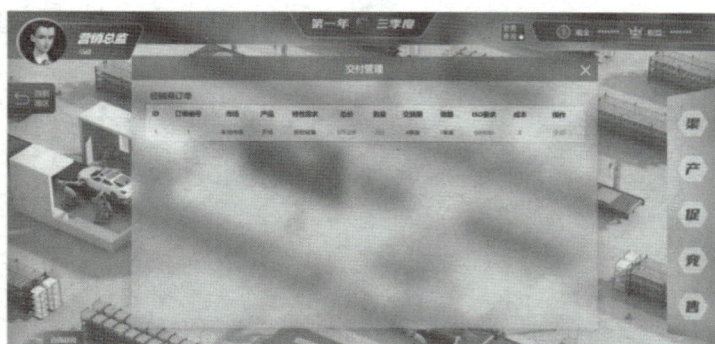

图27　交付管理

3.生产总监

生产总监界面如图28所示。生产总监主要负责工人管理、设备管理、库存管理、设计管理和研发管理。

图28　生产总监界面

（1）生产总监进行工人管理，如图29所示。设置班次、使用工人类型等都由生产总监进行操作。

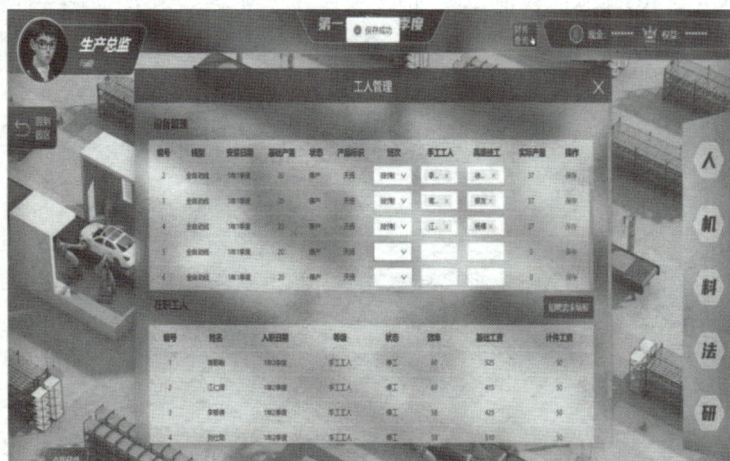

图29　工人管理

（2）生产总监进行设备管理，如图30和图31所示。建什么生产线、什么时候建等都由生产总监进行操作。

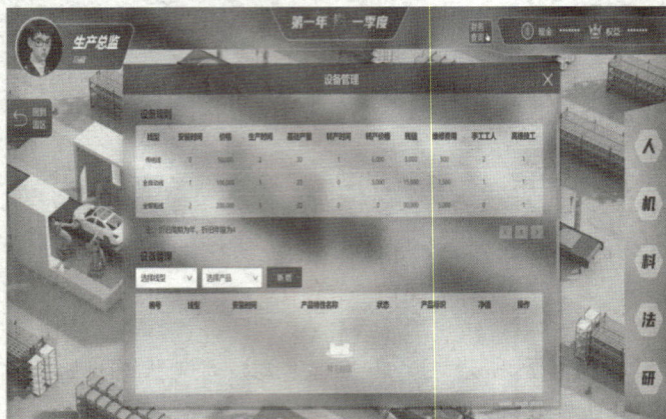

图30　设备管理（1）

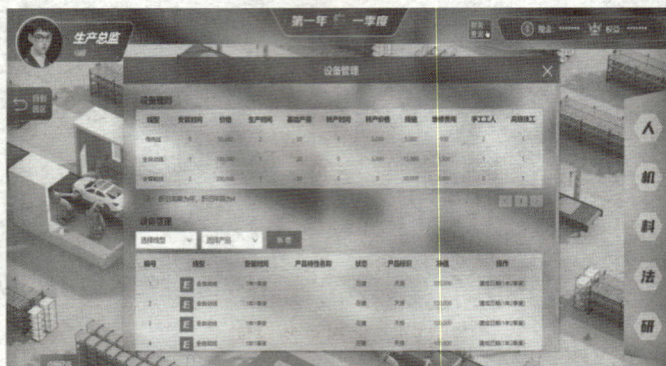

图31　设备管理（2）

其中，更新BOM（物料清单）如图32所示，生产线开产如图33所示，生产线转产如图34所示。

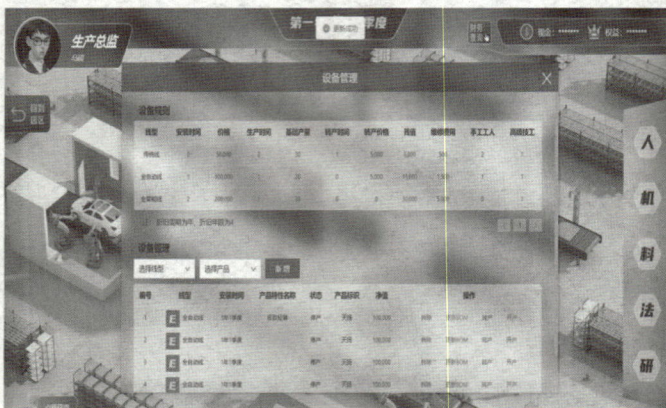

图32　更新BOM（物料清单）

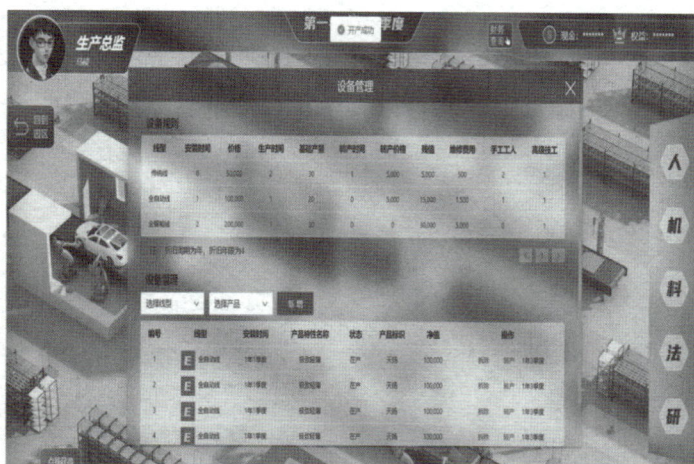

图 33　生产线开产

图 34　生产线转产

（3）生产总监进行库存管理，如图 35 所示。什么时候买材料、买什么材料等都由生产总监进行操作。

图 35　库存管理

其中，收取原料如图 36 所示。

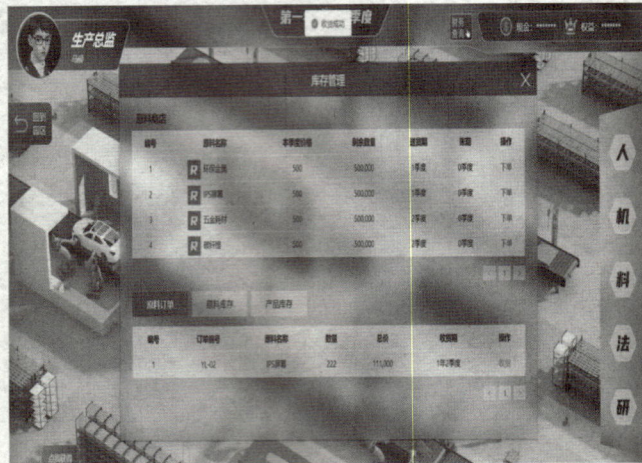

图36　收取原料

（4）生产总监进行设计管理，如图37所示。设计什么产品、什么时候设计等都由生产总监进行操作。

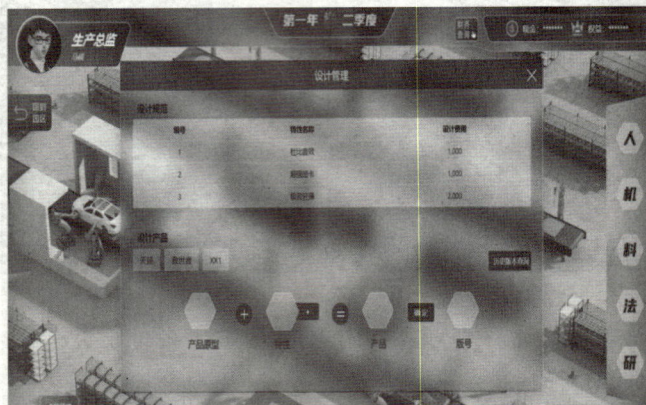

图37　设计管理

（5）生产总监进行研发管理，如图38所示。

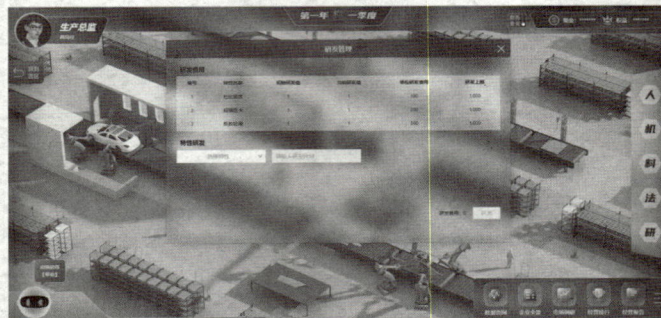

图38　研发管理

4.人力资源总监

人力资源总监负责选人（招聘管理）、用人（岗位管理）、育人（培训管理）和留人（激励管理）。

（1）人力资源总监进行OFFER管理和招聘管理分别如图39和图40所示。用什么样的薪酬从外部招聘员工、招聘多少员工等都由人力资源总监进行操作。

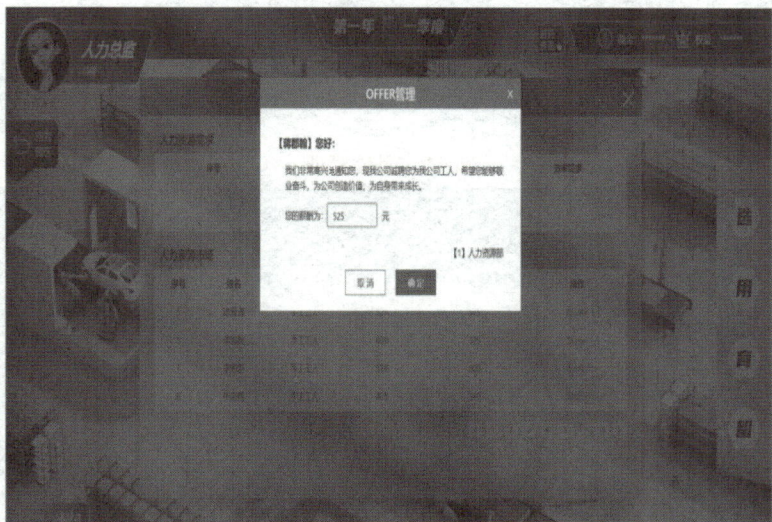

图39　OFFER管理

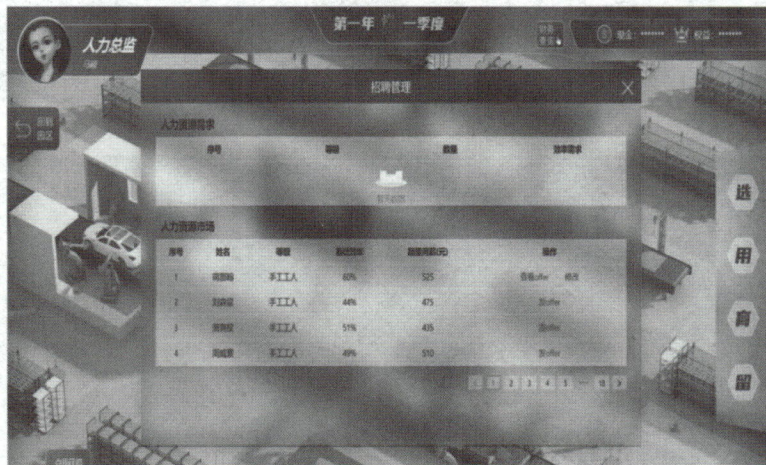

图40　招聘管理

（2）人力资源总监进行岗位管理，如图41所示。

其中，统一发薪如图42所示。

（3）人力资源总监进行培训管理，如图43所示。培训可以提高员工的生产效率。

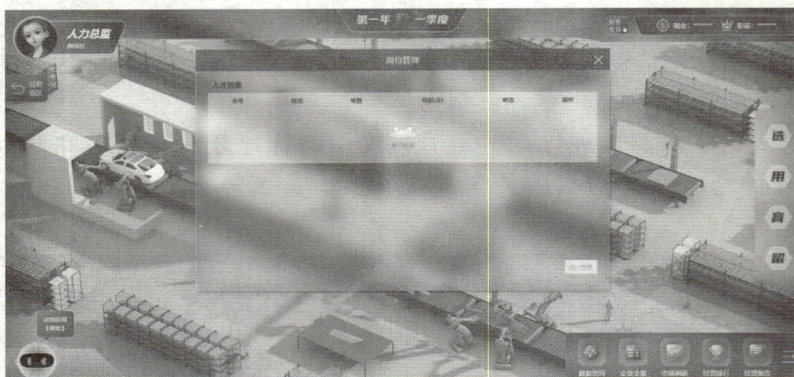

图 41　岗位管理

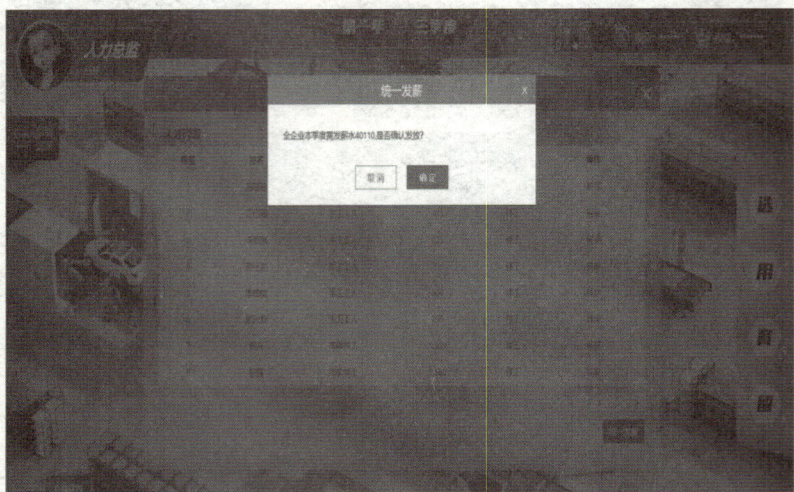

图 42　统一发薪

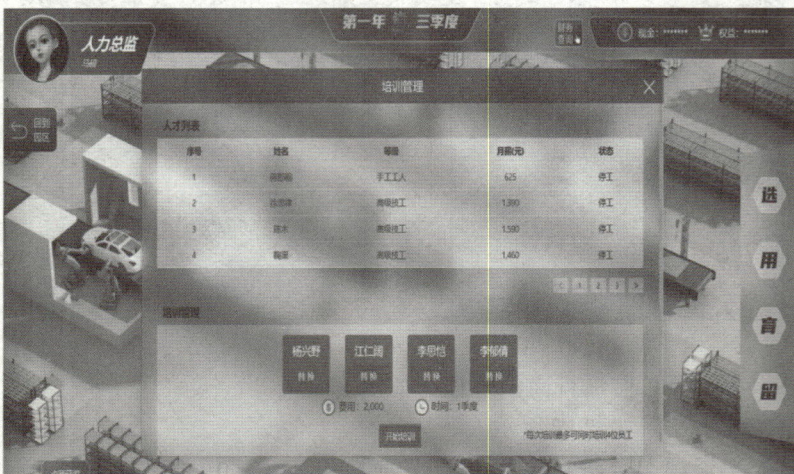

图 43　培训管理

（4）人力资源总监进行激励管理，如图44所示。给员工涨薪等由人力资源总监进行操作。

图44 激励管理

附录3　全国大学生创业大赛竞赛平台商业环境（金蝶沙盘）

您与您的团队即将经营一家新创立的公司。在公司经营之初，你们将拥有一笔来自股东的300万元创业资金，用以组建自己的虚拟公司。

虚拟公司将经历若干个经营周期，每个经营周期都包含若干个被分解的决策任务，这些任务涉及信息研究、研发、投资、生产、采购、营销等经营环节。

每个团队都需要仔细分析讨论这些决策任务，并将最终形成的一致决策输入系统。希望您的公司在经历若干个经营周期后，成为本行业的佼佼者。

所处的市场环境

公司将有七个市场区域可供选择，分别是：东北市场、华北市场、华东市场、华中市场、华南市场、西南市场、西北市场。

所有公司目前均具备相同的资源及新产品研发能力。每个公司的产品都由在这些区域设立的销售网点进行营销推广。

公司的目标消费群体被限定为三类，分别是：青少年群体、中老年群体、商务人群。在竞争初期，所有公司都具备青少年群体产品的生产技术。满足另外两类消费群体需求的产品必须先投入费用和时间完成研发，然后才能进行生产并开展市场推广和销售。总体来说，三类消费群体对产品价格的敏感程度和需求有很大不同，所以您的公司需要针对三类消费群体制定不同的经营策略。

青少年群体的需求特点

（1）追求时尚，个性张扬，喜欢新鲜事物；

（2）对产品的需求相对简单，更关注产品带来的潮流感和满足感。

中老年群体的需求特点

（1）对产品价格比较敏感，价格是消费的重要参考因素之一；

（2）更偏向经济实用且易于操作和维护的产品。

商务人群的需求特点

（1）很愿意为高端产品支付高价格；

（2）追求高性能的产品以满足商务需要。

各类群体的消费习惯及关注点

图1至图3是对不同消费群体所关注产品的特性的分析。数值越大，说明消费者的关注程度越高；数值越小，说明消费者的关注程度越低，但不表示不关注。每个公司都应该尽量设计出更符合消费者需求的产品，从而使产品适销对路。良好的产品设计与定位对提高产品的销量有很大帮助，反之则可能使产品滞销。

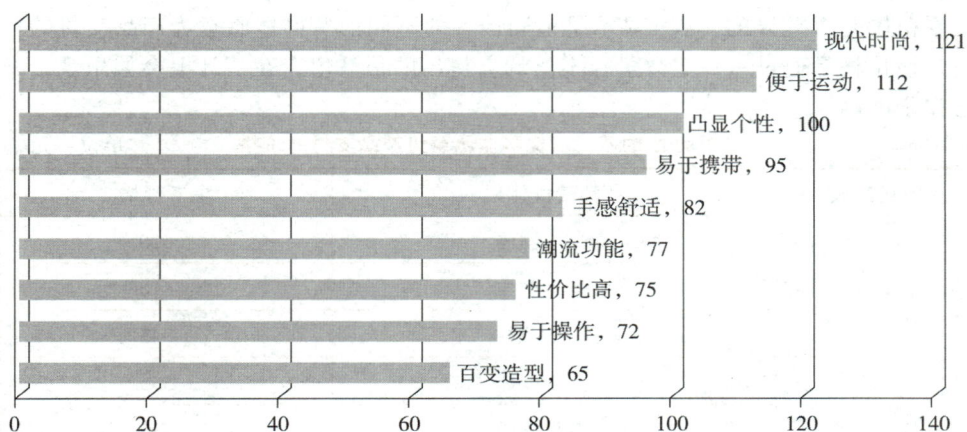

图1　青少年群体需求分析

现代时尚，121
便于运动，112
凸显个性，100
易于携带，95
手感舒适，82
潮流功能，77
性价比高，75
易于操作，72
百变造型，65

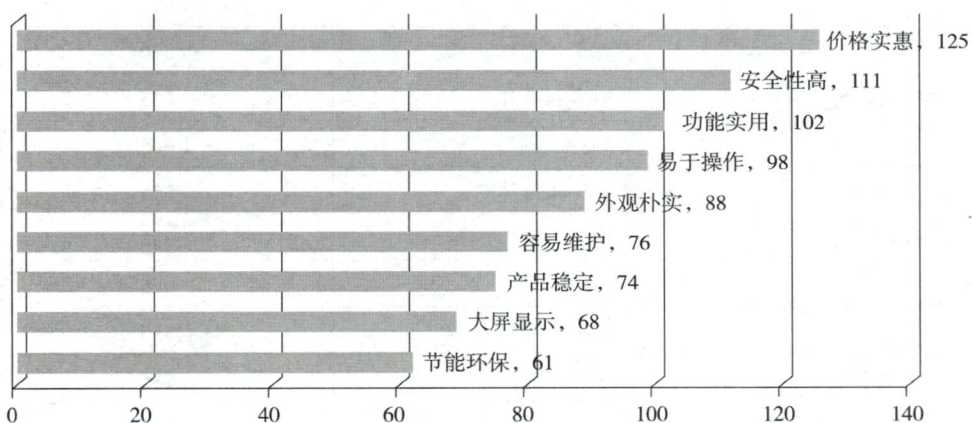

图2　中老年群体需求分析

价格实惠，125
安全性高，111
功能实用，102
易于操作，98
外观朴实，88
容易维护，76
产品稳定，74
大屏显示，68
节能环保，61

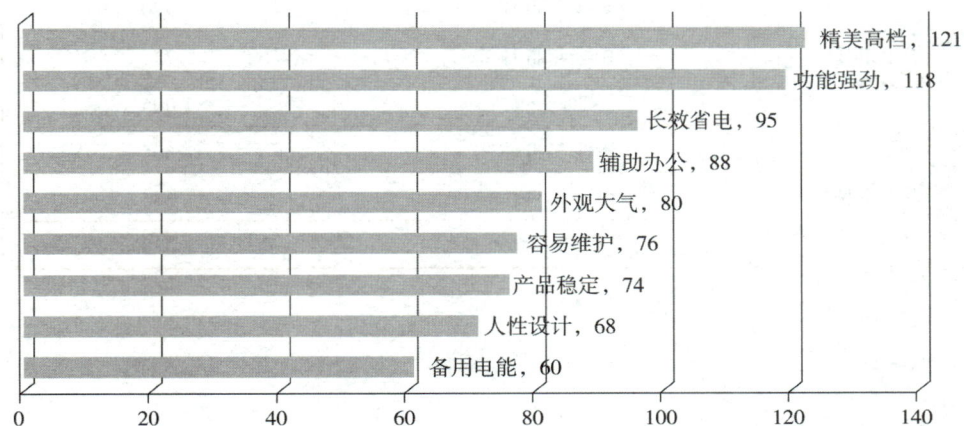

图3　商务人群需求分析

精美高档，121
功能强劲，118
长效省电，95
辅助办公，88
外观大气，80
容易维护，76
产品稳定，74
人性设计，68
备用电能，60

消费者愿意支付的平均价格

通过专业市场调研机构的初步调查，我们了解到不同消费群体对产品价格的接受范围是有差异的，表1显示了不同地区的不同消费群体愿意为产品支付的价格，该价格是通过对一定数量样本的调查得出的估计值，在估计上会偏乐观，未必完全准确。

表1　　　　　不同地区的不同消费群体愿意为产品支付的价格　　　　单位：元/箱

市场区域	消费群体	参考价格
华东市场	青少年群体	620
	中老年群体	810
	商务人群	1 045
东北市场	青少年群体	555
	中老年群体	735
	商务人群	975
华北市场	青少年群体	570
	中老年群体	775
	商务人群	1 005
西北市场	青少年群体	555
	中老年群体	735
	商务人群	975
西南市场	青少年群体	555
	中老年群体	735
	商务人群	975
华中市场	青少年群体	570
	中老年群体	775
	商务人群	1 005
华南市场	青少年群体	605
	中老年群体	795
	商务人群	1 030

附录4 全国大学生创业大赛竞赛平台数据规则（金蝶沙盘）

背景概述

您的小组将接受投资股东的委托经营一家初创企业，并进入竞争激烈的市场。小组成员分别担任总经理、财务总监、营销总监、生产总监、采购总监等角色，组成新公司的管理层，完成若干个季度的模拟企业经营。

每个季度都有若干决策任务，这些任务涉及信息研究、产品研发、产品设计、渠道开发、市场营销、生产制造、配送交货等各个环节，各公司需要对每项任务进行分析讨论，最终形成公司的经营决策，并输入电脑模拟系统中。

模拟经营正式开始前，每个小组都拥有相同的起点：一笔300万元的现金。

基本规则

在模拟经营过程中，行政管理费、产品设计费等均在每个季度末由系统自动结算。费用结算规则见表1。

表1　费用结算规则

项目	数值	说明
行政管理费(元/季)	100 000	每个季度固定，在期末自动扣除
未交货订单处罚比例	30%	订单要求当季交货，未交货的按30%罚款并取消订单
产品设计费(元)	100 000	未完成设计的产品将不允许在市场上销售
短期借款单期最大额度(元)	1 500 000	累计贷款额不能超过上期末所有者权益
短期借款利率	10%	可随时向银行申请，申请成功后一次性支付利息
紧急贷款利率	30%	在资金链断裂时由系统自动产生，利息一次性支付
第一季度应收账款贴现率	4%	可随时在财务部办理贴现
第二季度应收账款贴现率	6%	可随时在财务部办理贴现

产品研发

每个季度均有一次研发投入的机会，未完成研发的产品将不允许在市场上销售。研发投入规则见表2。

表2　研发投入规则

目标群体	每期投入成本(元)	目标总周期(季度)	目标总成本(元)
青少年群体	0	0(不需要开发)	0
中老年群体	100 000	2	200 000
商务人群	100 000	3	300 000

资质认证

部分市场对企业的资质有要求，不能达到要求的企业将无法进入这类市场。资质认证规则见表3。

表3   资质认证规则

ISO认证体系	每期投入成本（元）	目标总周期（季度）	目标总成本（元）
ISO 9000	200 000	2	400 000
ISO 14000	200 000	3	600 000

市场开发

未完成开发的市场将不能参加稍后进行的定价活动，不能设立下级销售网点。市场开发规则见表4。

表4   市场开发规则

市场	每期投入（元）	开发总周期（季度）	开发总成本（元）
华东市场	100 000	1	100 000
东北市场	100 000	2	200 000
华北市场	100 000	2	200 000
西北市场	100 000	3	300 000
西南市场	100 000	3	300 000
华中市场	100 000	1	100 000
华南市场	100 000	1	100 000

销售网点建设

某些市场需要一定的开发周期，开发完成后方可设立销售网点。销售网点的多少将影响特定产品在特定市场最终订购数量的获取。销售网点不需要时可撤销，撤销当季需要支付该网点的人力成本。销售网点建设规则见表5。

表5   销售网点建设规则

市场	目标群体	每个网点的设立费用（元）	每个网点的人力成本（元/季度）	每个网点的销售能力（箱/季度）
华东市场	青少年群体	4 000	4 000	100
	中老年群体	4 000	4 000	100
	商务人群	4 000	4 000	100
东北市场	青少年群体	2 000	2 000	100
	中老年群体	2 000	2 000	100
	商务人群	2 000	2 000	100
华北市场	青少年群体	3 000	3 000	100
	中老年群体	3 000	3 000	100
	商务人群	3 000	3 000	100
西北市场	青少年群体	2 000	2 000	100
	中老年群体	2 000	2 000	100
	商务人群	2 000	2 000	100
西南市场	青少年群体	2 000	2 000	100
	中老年群体	2 000	2 000	100
	商务人群	2 000	2 000	100
华中市场	青少年群体	3 000	3 000	100
	中老年群体	3 000	3 000	100
	商务人群	3 000	3 000	100
华南市场	青少年群体	4 000	4 000	100
	中老年群体	4 000	4 000	100
	商务人群	4 000	4 000	100

原料采购

一箱原料可对应生产一箱产品，原料采购后实时到货。原料采购规则见表6。

表6　　　　　　　　　　　　原料采购规则

原料类别	购买价格(元/箱)	采购款应付账期(季度)	成品运输费(元/箱)
青少年群体产品原料	200	1	20
中老年群体产品原料	300	1	20
商务人群产品原料	400	1	20

生产制造

厂房可购买或租用，购买当期不计提折旧，第二期开始每期按直线法计提折旧；厂房可出售，出售前需要先卖出厂房内的生产线，出售当季要计提折旧。厂房应用规则见表7。

表7　　　　　　　　　　　　厂房应用规则

厂房类型	购买价(元)	租用价(元/季度)	季度折旧率(%)	可容纳生产线(条)
大型厂房	1 200 000	120 000	2	4
中型厂房	800 000	80 000	2	2
小型厂房	500 000	50 000	2	1

生产线只能购买，购买当期不计提折旧，第二期开始每期按直线法计提折旧；生产线可出售，出售当季要计提折旧；生产线自购买当期开始每期需要支付设备维护费；部分生产线购买后有一定的安装期，安装期内不能生产，安装完成后方可投入生产；部分生产线只能生产特定产品，但可以通过变更设备实现对其他产品的生产，变更设备需要一定的时间与费用；所有生产线生产的产品都要求当期生产，当期下线。生产线应用规则见表8。

表8　　　　　　　　　　　　生产线应用规则

类型	目标群体	购买价格(元)	季度折旧率(%)	安装期(季度)	产能(箱)	加工费(元/箱)	变更费(元)	变更期(季度)	维护费(元/季)
柔性线	任何群体	1 200 000	5	1	2 000	20	无	无	40 000
全自动线	青少年群体	1 000 000	5	1	1 500	20	20 000	1	30 000
	中老年群体	1 000 000	5	1	1 500	20	20 000	1	30 000
	商务人群	1 000 000	5	1	1 500	20	20 000	1	30 000
半自动线	青少年群体	800 000	5	0	1 000	20	10 000	1	20 000
	中老年群体	800 000	5	0	1 000	20	10 000	1	20 000
	商务人群	800 000	5	0	1 000	20	10 000	1	20 000
手工线	任何群体	500 000	5	0	500	20	无	无	10 000

现金收入及支出情况

现金规则见表9。

表9 现金规则

项 目	现金收入及支出情况
每季度初	支付上季度所得税费用
产品研发及资质认证	支付产品研发费、资质认证费
调整销售渠道	支付网点开办费、市场开发费
调整厂房设备	支付购买厂房费用、购买生产线费用
安排生产任务	支付产品生产加工费
制定产品价格	支付品牌及广告投入费
配送运输产品	支付交货产品的运输费，收到零账期订单的现金
支付各项费用	支付产品设计费、行政管理费、销售网点维护费、生产线维护费、厂房租金、订单违约罚金
每季度末	支付到期的应付账款，收到到期的应收账款，归还到期贷款

说明：短期借款可随时去银行办理，现金实时到账，同时扣除借款利息。应收账款贴现可随时去财务管理中心办理，需要支付一定比例的贴现利息。

以上有关全国大学生创业大赛竞赛平台的介绍以2009年竞赛资料为基础编写，仅供参考，具体情况以正式参赛报到时下发的资料为准。

附录5 受训学生感言

了解沙盘真谛 获取专业知识
（052023-10 宋爽）

这次是我们专业第二次进行企业经营沙盘模拟实训。与上次不同的是，我们多了一本学生用的实训手册。

有了实训手册，我们可以更详尽地了解沙盘实训的规则，了解市场的需求、产品的价格、生产线的利用等。这样，大家就能更好地参与到实训中，并从中获得更多的知识。

在实训手册中，每个职位都有详细的介绍，同时每个角色需要填写的表都罗列了出来。这样，大家不仅能够明确自己的职责，各司其职，高效地完成自己的任务，而且能系统地了解企业的运营流程。

在前两篇的介绍中，我们学会了很多技巧。例如，接订单时怎样避免让竞争对手多接，转产时转哪种生产线损失最少等。很多战略、战术的应用都要求我们更加全面地分析实训状况，这样才能获得更多的知识与经验。

有了这本实训手册，我们会更好地了解沙盘的真谛，更深刻地了解企业的经营模式，从中获得实践性的专业知识。

弄懂规则 游刃有余
（052023-06 刘艳）

持续两天的沙盘模拟实训结束了，这已经是我们第二次接触沙盘模拟了，真有种意犹未尽的感觉，真希望能再次参加沙盘模拟实训。这次实训使我明白了许多有关企业经营的知识，真心感谢老师的悉心指导和大家的积极参与及配合。我还要感谢一直帮助我们的实训手册，它使我们对沙盘有了更深刻的了解。第一次实训，我们对相关操作的了解还很模糊，特别是对规则、流程的了解还不是很详尽。正如实训手册中所说，只有懂得规则，才能游刃有余。实训手册中还详细介绍了每个角色的任务，使我们在实训前能做好相关准备，明白自己所扮演的角色在企业中的重要性及作用。其实，实训手册的好处还有很多，在此就不多说了。不过，对于我这种对沙盘极其感兴趣的人来说，它更具有纪念意义。因为以后再见到它，就会勾起我的很多回忆，也能让我想起很多经验与教训，想起自己大学期间对企业经营的渴望。总之，我会珍藏这本实训手册。

沙盘模拟实训手册使我收获颇丰
（052024-04 朱振）

经历两次沙盘模拟实训，我收获很多，感受也不同。作为工商管理专业的学生，我深知 ERP 运作对我们将来工作的重要性。

第一次实训，仓促上阵，什么也不懂，规则不是很清楚，脑袋里也乱得很，还没回过神实训就结束了，留下了很多遗憾。

第二次实训，最大的变化就是懂得规则了。通过阅读实训手册，我知道了具体运作流程，尤其是财务预算及资产计算的方法。两次同为财务总监的我，在上一次实训中对这一职位完全陌生，所幸第二次阅读了实训手册，我可以清楚财务方面的各项活动，从而弥补了上次实训中的遗憾。

在实训手册的指导下，我在第二次实训中收获颇丰。

了解沙盘模拟实训流程　享受竞赛过程
（052023-08闫杰）

4月21—22日，我们经历了为期两天的沙盘模拟实训。在这次实训中，我懂得了什么是失败，什么是进步。进步是第二次经历带给我的，当然还有一个小助手——实训手册。

在上一次实训时，由于没有一个正式的文本规则，我对整个流程的了解还不是很透彻，只知道大概怎样，很不专业，因此感觉整个过程就像是"过家家"，不仅对自己角色的职责了解不透，对他人角色的职责更是模糊。在这次实训前，我认真学习了实训手册中的相关内容，明确了实训目的、内容和相关要求，保证了实训效果。

虽然在排名上我们组是最后一名，但我们收获了很多。从失败中，我看到了什么是竞争、什么是生存、什么是超越自己。我清楚地知道了每个步骤的含义，对整个流程都是清楚的，享受了整个过程。

失败算什么，我不认为自己是失败的，能在失败中站起来的人，才是真正的强者。

沙盘模拟实训手册助力团队合作
（052022-10何露丝）

第二次玩沙盘和第一次不同的是我们多了一本实训手册，有了明确的规范和准则，自然好处是很多的。在此，我要谈谈自己的看法。

既然是模拟竞赛，就一定要有竞赛规则，而这本实训手册最大的用途就是将规则更明确、更细致地描述出来，保证了竞赛的顺利进行。虽然参加过一次竞赛，但我们仍不敢保证已经掌握了所有规则，如生产线的开发周期、开发费用等，每条生产线的转产期和转产费用等。可是翻翻手册，诸如此类的规则就一目了然了。另外，对于容易出错的细节及容易作弊之处更需要规则加以规范，从而使竞赛更加公平、公正。

团队成员每人一本手册，有效避免了"事不关己，高高挂起"现象的出现。企业经营沙盘模拟实训是一个团队合作项目，每个人在熟知自己职责的基础上，还要了解组内其他角色的相关职责。CEO更要熟知各个角色的分工，这样才能制定好总体战略。

此外，每个角色都需要填写相关操作表格，这样可以使每个程序都更加规范，从而提高了操作效率，加深了我们对"企业战略管理"课程的理解，真正把理论与实践联系了起来。

　　实训手册中增加人力资源总监的角色很有必要，有利于监控组内每个成员的态度和绩效；同时，硬性要求填写团队名称、企业目标、使命、愿景，更有利于增强临时团队的凝聚力，从而获得更好的实训效果。

　　总而言之，实训手册堪称沙盘操作的必备品！